职业教育汽车类专业新形态系列教材

汽车概论

主　编　帅数风　刘一群
副主编　李　明　汪　霖　李梦琦
参　编　占才猛　陈　烨　吴建兵

机械工业出版社

本书围绕职业教育汽车类专业人才的培养目标，紧扣汽车后市场的工作实际，突出育人的本质，内容涵盖传统汽车与新能源汽车共计四个项目。项目一为汽车基础与常识认知，包括汽车的分类与识别代号的认知、汽车参数与评价的认知；项目二为燃油汽车结构认知，包括汽车总体结构与行驶原理的认知、汽车发动机的认知、电控发动机燃油喷射系统的认知、汽车底盘的认知、汽车电气系统的认知、汽车车身的认知；项目三为新能源汽车结构认知，包括新能源汽车高压安全与防护的认知、动力蓄电池及充电系统的认知、驱动电机系统的认知、新能源汽车电控系统的认知；项目四为汽车文化与新技术认知，包括汽车文化与发展史的认知、汽车智能辅助新技术的认知。学生通过本课程的学习能全面了解传统汽车与新能源汽车的基本组成与结构相关基础知识，具备实物认知能力，养成安全规范的职业素养。

本书既可作为职业院校汽车类专业教材，也可作为职业教育技能高考参考用书以及岗位培训和汽车爱好者的参考用书。

本书配有电子课件、电子教案、课后习题、动画视频和习题答案。凡选用本书作为授课教材的教师均可登录 www.cmpedu.com 以教师身份注册后免费下载教学资源，咨询电话 010-88379201 或加 QQ1006310850 索取资料。

图书在版编目（CIP）数据

汽车概论／帅数风，刘一群主编. -- 北京：机械
工业出版社，2024.8（2025.7 重印）. --（职业教育汽车类专业新形态
系列教材）. -- ISBN 978-7-111-76381-9

Ⅰ. U46
中国国家版本馆 CIP 数据核字第 20245D9A38 号

机械工业出版社（北京市百万庄大街 22 号　邮政编码 100037）
策划编辑：于志伟　　　　　　责任编辑：于志伟
责任校对：张爱妮　梁　静　　封面设计：张　静
责任印制：常天培
河北虎彩印刷有限公司印刷
2025 年 7 月第 1 版第 2 次印刷
184mm×260mm · 7.75 印张 · 187 千字
标准书号：ISBN 978-7-111-76381-9
定价：37.00 元

电话服务　　　　　　　　　　网络服务
客服电话：010-88361066　　　机 工 官 网：www.cmpbook.com
　　　　　010-88379833　　　机 工 官 博：weibo.com/cmp1952
　　　　　010-68326294　　　金 书 网：www.golden-book.com
封底无防伪标均为盗版　　　　机工教育服务网：www.cmpedu.com

前言

Preface

　　本书依据汽车运用与维修专业技能考试大纲中专业知识考试内容，在对汽车类专业的教学需求进行充分调研的基础上，以提高学习者职业能力和职业素养为目标，采用任务驱动项目化的方式编写而成。

　　全书共四个项目，每个项目由若干个任务组成，每个任务都有要达成的三维学习目标，即知识目标、技能目标和素养目标。每个任务包括任务引入、任务目标、知识链接、任务实施、任务评价、课后习题等环节，任务内容均来自维修企业一线的典型工作任务；知识链接既有利于学生的自学，也是学生课上交流的参考；任务实施的内容以技能大赛的工单为样本，进行了必要的修改，既是学生进行实训操作的依据，也是评价学生学习效果的重要依据；课后习题环节设计了必要的练习，以便于巩固和提升学习效果。本书的主要特点如下：

　　1. 在编写理念上，根据职业院校学生的认知特点，打破了传统的理论—实践—再理论的教学方法，代之以实践—理论—再实践的教学方法，四个项目中相关的任务均按"做中学、学中做"的理念进行设计。

　　2. 在编写体例上，以项目为载体，以工作任务为引领，将素养教育有机地融入任务目标及任务实施过程中，着力培养学生的职业核心素养和核心技能，并把培养学生的职业素养放在首位。

　　3. 在编写内容的安排上，突出基础性和实用性。注重激发学生学习后续课程的兴趣，按照汽车技术发展的脉络，有机地整合汽车基本构造和基本术语，分别介绍了传统汽车和新能源汽车的结构与原理，并展望了未来汽车的发展趋势。

　　4. 在教学评价方面，坚持激励性的过程评价和成功体验性的结果评价相结合，即对学生在学习过程中的表现和最后的实训成果进行评价，评价要素明确、直观、实用、可操作性强，可以很好地调动学生的学习积极性。

　　本书由帅数风、刘一群任主编，李明、汪霖、李梦琦任副主编，占才猛、陈烨、吴建兵参与编写。

　　由于编者水平有限，书中难免有疏漏之处，敬请广大读者批评指正。

编　者

目录

Contents

项目一

汽车基础与常识认知

⏵ **【项目概述】**

　　汽车种类繁多、用途广泛，不同的汽车是如何分类的？又该如何评价其性能的优劣？针对这些问题，本项目将介绍汽车的分类与识别代号、汽车参数与评价的相关知识。对应汽车维修类技能考试大纲，了解汽车分类及车辆识别代号（VIN）的组成、意义和作用，了解车辆的主要性能参数和主要结构参数。

 任务一　　汽车的分类与识别代号的认知

任务引入

本任务主要学习汽车的分类及车辆识别代号。通过学习，能根据汽车的功用对汽车进行分类，能正确识读车辆识别代号并获取汽车的各类信息。

任务目标

知识目标	技能目标	素养目标
1. 了解汽车的分类方法 2. 了解车辆识别代号的组成及意义	1. 能按汽车的用途对汽车进行分类 2. 能准确识读车辆识别代号	养成团队合作意识，安全、规范地完成学习内容

知识链接

一、汽车分类

1. 传统汽车的分类

根据关于汽车术语和定义的国家标准（GB/T 3730.1—2022）规定，我国传统汽车主要分为乘用车、客车、载货汽车、专用汽车和挂车等类型，各类型的细分如下：

（1）乘用车（图 1-1-1）　乘用车是指设计、制造和技术特性上主要用于载运乘客及其随身行李和/或临时物品，包括驾驶员座位在内最多不超过 9 个座位的汽车。

图 1-1-1　乘用车

乘用车按使用性能的不同，又可分为轿车、运动型乘用车、越野乘用车、多用途乘用车和专用乘用车。

（2）客车（图1-1-2）　客车是指设计、制造和技术特性上用于载运乘客及其随身行李，包括驾驶员座位在内的座位数超过9个的汽车。

图 1-1-2　客车

客车分为公路客车、旅游客车、团体客车、城间客车、城市客车、专用客车、铰接客车、双层客车、轻型客车、无轨电车和越野客车。

（3）载货汽车（图1-1-3）　载货汽车是指设计、制造和技术特性上主要用于载运货物和/或牵引挂车的汽车，也包括装备一定的专用设备或器具，但以载运货物为主要目的，且不属于专项作业车、专门用途汽车的汽车。

图 1-1-3　载货汽车

载货汽车分为普通货车、侧帘式货车、封闭式货车、多用途货车、越野货车、半挂牵引车、牵引货车和专用货车。

（4）挂车（图1-1-4）　挂车是指设计、制造和技术特性上由汽车牵引才能正常使用的一种无动力的道路车辆，用于载运人员和/或货物及特殊用途。

挂车分为半挂车、中置轴挂车、牵引杆挂车和刚性杆挂车。

2. 新能源汽车的分类

（1）纯电动汽车（BEV）　纯电动汽车是采用单一蓄电池作为储能动力源的汽车，通过动力蓄电池向电动机提供电能，驱动电动机运转，从而推动汽车行驶，如图1-1-5所示。纯电动汽车的可充电电池主要有铅酸蓄电池、镍镉电池、镍氢电池和锂离子蓄电池等。

图 1-1-4　挂车

图 1-1-5　纯电动汽车

（2）混合动力电动汽车（HEV）　混合动力电动汽车的驱动系统由至少两个独立的驱动系统组合而成，这两个驱动系统能同时运转，如图 1-1-6 所示。混合动力电动汽车的行驶动力可以由单个驱动系统单独提供，也可以由多个驱动系统共同提供。

图 1-1-6　混合动力电动汽车

（3）燃料电池电动汽车（FCEV）　燃料电池电动汽车是一种使用氢氧混合燃料电池作为动力来源的电动汽车，如图 1-1-7 所示。与传统的电动汽车相比，燃料电池电动汽车的"电池"是通过补充氢气来提供能量的，而不是通过充电来获取电能的。因此，燃料电池电动汽车具有更长的续驶里程和更快的加注速度，同时也更加环保。

图 1-1-7　燃料电池电动汽车

（4）氢动力车（HPV） 氢动力车主要是以氢动力燃料电池为动力，如图1-1-8所示。氢动力车是新能源汽车中最环境友好型的汽车，可以实现零污染、零排放。然而，氢动力车生产成本过高，氢动力车的成本比传统燃油汽车的成本多出20%，并且氢动力车的电池成本很高，在实际生产中受到储存及运输条件的限制，很难实际应用。

图1-1-8　氢动力车

二、车辆识别代号（VIN）

1. 车辆识别代号的基本构成

根据国家标准《道路车辆　车辆识别代号（VIN）》（GB 16735—2019）及《道路车辆　世界制造厂识别代号（WMI）》（GB 16737—2019）的相关规定，车辆识别代号（简称VIN码）由世界制造厂识别代号（WMI）、车辆说明部分（VDS）、车辆指示部分（VIS）三部分组成，共17位字码，它包含了车辆的生产厂家、年代、车型、车身形式及代码、发动机代码及组装地点等信息。

（1）世界制造厂识别代号（WMI） 世界制造厂识别代号是车辆识别代号的第一部分，用以标志车辆的制造厂。当此代号被指定给某个车辆制造厂时，就能作为该厂的识别标志。世界制造厂识别代号在与车辆识别代号的其余部分一起使用时，足以保证30年内在世界范围内制造的所有车辆的车辆识别代号具有唯一性。

（2）车辆说明部分（VDS） 车辆说明部分是车辆识别代号的第二部分，用以说明车辆的一般特征信息。

（3）车辆指示部分（VIS） 车辆指示部分是车辆识别代号的最后部分，是车辆制造厂为区别不同车辆而指定的一组代码。这组代码连同车辆说明部分一起，足以保证每个车辆制造厂在30年内生产的每台车辆的车辆识别代号具有唯一性。

2. 车辆识别代号的识读

对于年产量大于或等于1000辆的完整车辆和/或非完整车辆制造厂，车辆识别代号的第一部分为世界制造厂识别代号；第二部分为车辆说明部分；第三部分为车辆指示部分，如图1-1-9所示。

车辆指示部分的第一位字码（即VIN的第十位）应代表年份。年份代码按表1-1-1的规定使用（30年循环一次），车辆制造厂若在此位使用车型年份，应向授权机构备案每个车型年份的起止日期，并及时更新，同时在每一辆车的机动车出厂合格证或产品一致性证书上注明使用了车型年份。

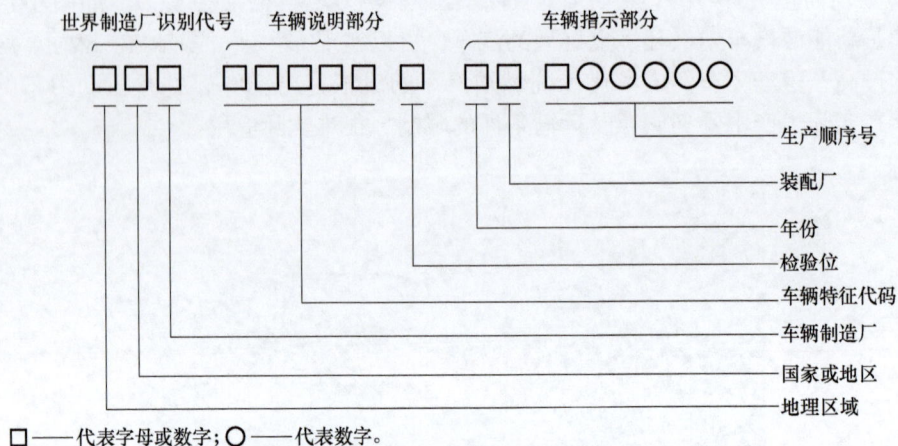

图 1-1-9　车辆识别代号结构示意图

表 1-1-1　年份代码表

年份	代码	年份	代码	年份	代码	年份	代码
1991	M	2001	1	2011	B	2021	M
1992	N	2002	2	2012	C	2022	N
1993	P	2003	3	2013	D	2023	P
1994	R	2004	4	2014	E	2024	R
1995	S	2005	5	2015	F	2025	S
1996	T	2006	6	2016	G	2026	T
1997	V	2007	7	2017	H	2027	V
1998	W	2008	8	2018	J	2028	W
1999	X	2009	9	2019	K	2029	X
2000	Y	2010	A	2020	L	2030	Y

　　以别克凯越汽车为例，其车辆识别标片位于仪表板左上角，从车外透过前风窗玻璃可以看到，如图 1-1-10 所示，车辆识别代号刻在前围板顶部，详细解读方法见表 1-1-2。

图 1-1-10　车辆识别标片

表 1-1-2　别克凯越车辆识别代号解读

位置	定义	字符	说明
1~3	全球制造识别	LSG	上海通用汽车有限公司
4、5	品牌与车型	JA	SGM7150MTA、SGM7150ATA

（续）

位置	定义	字符	说明
6	车身款式	5	3 厢 4 门轿车
7	保护装置系统	2	手动安全带及驾驶人和前排乘客座正面安全气囊
8	发动机类型	H	1.5L DOHC 直列四缸分组多点燃油电控喷射发动机
9	检查数字	0~9 或 X	检验码
10	车型年	D	2013
11	制造厂	H	上海金桥南厂生产基地
11	制造厂	S	上海金桥北厂生产基地
12~17	生产序号		

任务实施

任务工单 汽车的分类与型号命名

姓名		学号		班级	
科目		教师		得分	

一、任务目标

1）能在车上找到车辆识别代号。

2）能正确解读车辆识别代号。

3）能通过车辆识别代号了解车辆的生产厂家、年代、车型、车身形式及代码、发动机代码及组装地点等信息。

二、任务组织

教师示范讲解实训安全防护的规范和要求，现场演示车辆台架的操作规范，根据任务目标，对学生进行分组。学生按照分组，在工单的指引下进行翻转实训，完成工单任务和考核。

三、实施过程

1. 车辆信息记录

品牌		整车型号		生产日期	
发动机型号		发动机排量		行驶里程	
车辆识别代号					

2. 自主探究

找到车辆铭牌号，并将铭牌号上的各类信息填写到下表中。

生产厂家：	
车辆识别代号：	
品牌：	型号：
总质量：	发动机型号：
乘员数：	额定功率：
制造年月：	发动机排量：

3. 合作探究

找到车辆上的车辆识别代号，各小组合作查找资料，说明车辆识别代号上字母或数字对应的生产厂家、年代、车型、车身形式及代码、发动机代码及组装地点等信息。

任务评价

名称		组别		学生姓名		工位号	
		用时				零件号	
序号	考核项目	评分标准	分数	学生自评	小组互评	教师评价	小计
1	团队协作	是否协同有效工作	10				
2	工作态度	是否积极主动追求精益求精	10				
3	任务方案	是否正确、合理	20				
4	任务完成情况	操作方法正确、数据正确记录、分析结果正确	30				
5	安全规范	有无安全隐患，设备、工量具使用规范、标准，遵守劳动纪律	20				
6	现场 7S	是否做到	10				
	总分		100				
	教师签名				总计		

知识点总结

1. 我国汽车主要分为乘用车、客车、载货汽车、专用汽车和挂车等类型。

2. 乘用车按使用性能不同，又可分为轿车、运动型乘用车、越野乘用车、多用途乘用车和专用乘用车。

3. 车辆识别代号由世界制造厂识别代号、车辆说明部分、车辆指示部分三部分组成。

4. 车辆识别代号包含了车辆的生产厂家、年代、车型、车身形式及代码、发动机代码及组装地点等信息。

课后习题

一、判断题

1. 车辆识别代号包含了车辆的生产厂家、年代、车型、车身形式及代码，不包含发动机代码及组装地点等信息。（　　）

2. 载货汽车分为普通货车、半挂汽车、挂车、特殊用途车。（　　）

3. 燃料电池电动汽车是以燃料电池系统作为单一动力源或者是以燃料电池系统与可充电储能系统作为混合动力源的电动汽车。（　　）

4. 型号指制造厂对具有同类型、品牌、种类、系列及车身形式的车辆所给予的名称。（　　）

5. 车辆识别代号第三位数表示的是车辆的生产国家或地域。（　　）

二、选择题

1. 以下不属于乘用车分类的是（　　）。

A. 轿车　　　　　　　B. 客车　　　　　　　C. 越野车　　　　　　　D. 专用乘用车

2. 下列不属于电动汽车分类的是（　　）。

A. 燃料电池电动汽车　　　　　　　　B. 混合动力电动汽车

C. 纯电动汽车　　　　　　　　　　　D. 油电混合汽车

3. 汽车车辆识别代号不包括下列（　　）。

A. 生产国家　　　　B. 生产年份　　　　C. 设计师　　　　D. 装配厂

4. 车辆识别代号的第（　　）位表示年份。

A. 8　　　　　　　　B. 9　　　　　　　　C. 10　　　　　　　D. 11

5. 车辆识别代号不会包含的字母是（　　）。

A. Q　　　　　　　　B. U　　　　　　　　C. T　　　　　　　　D. H

任务二 汽车参数与评价的认知

任务引入

怎样评价一辆汽车性能的优劣，从哪些方面判断？汽车的参数很多，作为从业人员要真正理解这些数据的含义。

任务目标

知识目标	技能目标	素养目标
1. 熟悉汽车的主要特征参数 2. 了解评价汽车性能的指标	1. 能够测量汽车结构参数 2. 能够正确地评价汽车主要性能指标	养成互相协作的团队意识

知识链接

一、汽车的主要特征参数

1. 质量参数

（1）**整备质量** 整备质量指汽车完全装备好的质量，除了包括发动机、底盘和车身外，还包括燃料、润滑油、冷却液、随车工具和备用轮胎等的质量（但不包括货物、驾驶人及乘客）。

（2）**装载质量** 装载质量指货车在硬实、良好的路面上行驶时所允许的最大额定装载质量。客车和轿车的装载质量一般以乘坐人数表示，其额定载客人数为车上的额定座位数。

（3）**总质量** 总质量指汽车在满载时的总质量，即汽车整备质量与装载质量之和。

2. 结构参数

汽车的主要结构参数有轴距、轮距、轮廓尺寸、前悬、后悬、接近角、离去角和最小离地间隙等（图1-2-1）。

（1）**轴距** 轴距指车轴之间的距离，对于双轴汽车，轴距是指前、后轴之间的距离；对于三轴汽车，轴距是指前轴与中轴之间的距离和前轴与后轴之间的距离的平均值。

汽车轴距短，车体总长就短，质量就小，最小转弯半径和纵向通过半径也小，机动灵活。但轴距过短会导致车厢长度不足或后悬过长，汽车行驶时纵向振动过大，汽车加速、制动或上坡时轴荷转移过大而导致其制动性和操纵稳定性变差。

（2）**轮距** 轮距指的是车轮在车辆支承平面（一般就是地面）上留下的轨迹的中心线之间的距离。如果车轴的两端是双车轮时，轮距是双车轮两个中心平面之间的距离。

汽车轮距对总宽、总质量、横向稳定性和机动性都有较大影响。轮距越大，则悬架的宽度越大，汽车的横向稳定性越好。但轮距过大会使汽车的总宽和总质量过大。

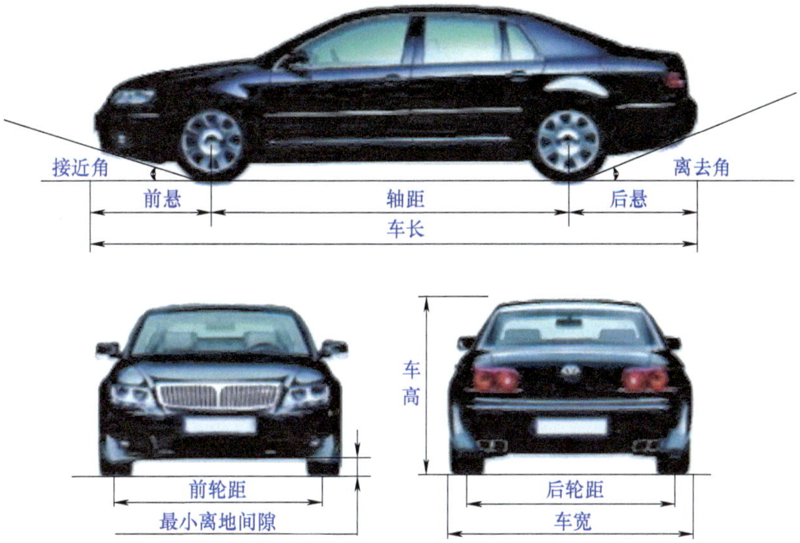

图 1-2-1　汽车结构参数

（3）**轮廓尺寸**　轮廓尺寸指车长、车宽和车高。各国对公路运输车辆的轮廓尺寸都有法规限制，以便使其适应该国的公路、桥梁、涵洞和铁路运输的有关标准。我国对公路车辆的限制尺寸是：总高不大于4m；总宽（不包括后视镜）不大于2.5m，左、右后视镜等凸出部分的侧向尺寸总共不大于250mm；总长对于货车及越野汽车不大于12m，牵引汽车带半挂车不大于16m，汽车拖带挂车不大于20m，挂车不大于8m，大客车不大于12m，铰接式大客车不大于18m。

（4）**前悬和接近角**　前悬是指汽车前端至前轮中心的悬置部分，接近角是指汽车前端凸出点向前轮引切线与地面的夹角。前悬不宜过长，以免使汽车的接近角过小而影响通过性。

（5）**后悬和离去角**　后悬是指汽车后端至汽车后轮中心的悬置部分，离去角是指汽车后端凸出点向后轮引切线与地面的夹角。后悬不宜过长，以免使汽车的离去角过小而引起上、下坡时刮地，同时转弯也不灵活。

（6）**最小离地间隙**　最小离地间隙是指车体最低点与地面的距离，最小离地间隙必须确保汽车在崎岖道路、上下坡行驶时的通过性，即保证不刮底。但最小离地间隙大也意味着重心高，影响操控性。

二、汽车的主要性能参数

汽车性能是指汽车满足使用要求的程度，也是衡量汽车好坏的重要指标。通常用来评定汽车性能的指标有动力性、燃油经济性、制动性、操控稳定性、行驶平顺性和通过性等。

1. 动力性

动力性是汽车各种性能中最基本、最重要的性能，主要用以下三方面的指标来评定：

（1）**最高车速**　最高车速是指在水平良好的路面上汽车能达到的最高行驶车速。此时，发动机的节气门全开，变速器应挂入最高档。

（2）加速时间　加速时间表示汽车的加速能力，常用原地起步加速时间和超车加速时间来表明汽车的加速能力。

原地起步加速时间是指汽车由 1 档或 2 档起步，并以最大的加速度（包括选择恰当的换档时机）逐步换至最高档后达到某一预定的距离或车速所需的时间。一般常用 0～100km/h 所需时间来表示加速时间。

超车加速时间是指用最高档或次高档由某一较低车速全力加速至某一高速所需的时间。因为超车时汽车与被超汽车并行，容易发生安全事故，所以超车加速能力强，并行距离短，行驶就安全。

（3）爬坡能力　爬坡能力用满载时汽车在良好路面上以 1 档行驶时的最大爬坡度表示。轿车经常在较好的路面上行驶，因此一般不强调它的爬坡能力。而货车经常要在各种道路上行驶，所以必须具备足够的爬坡能力，一般在 30%（约为 16.7°）左右。越野汽车要在坏路或无路条件下行驶，因而爬坡能力是一个很重要的指标，它的最大爬坡度可达 60%（约为 30°）左右或更高。

2. 燃油经济性

汽车以尽可能少的燃油消耗量行驶的能力，称为汽车的燃油经济性。汽车的燃油经济性常用一定运行工况下汽车行驶百公里的燃油消耗量或一定燃油量汽车行驶的里程来衡量。在我国及欧洲，燃油经济性指标的单位为 L/100km，即行驶 100km 所消耗的燃油体积（L）数，该数值越大，汽车的燃油经济性越差。

等速行驶百公里燃油消耗量是常用的一种评价指标，指汽车在一定载荷（我国标准规定轿车为半载、货车为满载）下，以最高档在水平良好路面上等速行驶 100km 的燃油消耗量。常测出每隔 10km/h 或 20km/h 速度间隔的等速百公里燃油消耗量，然后在图上连成曲线，称为等速百公里燃油消耗量曲线。

等速行驶工况并没有全面反映汽车的实际运行情况，特别是在市区行驶中频繁出现的加速、减速、怠速以及停车等行驶工况。因此，在对实际行驶车辆进行跟踪测试统计的基础上，各国都制定了一些典型的循环行驶试验工况，来模拟实际汽车运行状况，并以百公里燃油消耗量来评定相应行驶工况的燃油经济性。

3. 制动性

汽车行驶时能在短距离内减速停车且维持行驶方向的稳定性，在下长坡时能维持一定车速的能力，以及在一定坡道上能长时间停车不动的驻车性能，称为汽车的制动性。

制动性主要由三个方面的性能来评价：

（1）制动效能　制动效能是指在良好路面上，汽车以一定初速度制动到停车的制动距离或制动时汽车的减速度，它是制动性能最基本的评价指标。

（2）制动效能的恒定性　制动效能的恒定性主要指抗热衰退性，即汽车高速行驶制动或下长坡连续制动时制动效能保持的程度。因为制动过程实际上是把汽车行驶的动能以及下坡的势能通过制动器转变为热能，所以制动器温度升高后能否保持在冷态时的制动效能，是制动器的重要性能指标。此外，涉水行驶后，制动器还存在水衰退性问题。

（3）制动时的方向稳定性　制动时的方向稳定性是指汽车在制动时按照指定轨迹行驶的能力，即制动时汽车不发生跑偏、侧滑以及失去转向能力。若制动时发生跑偏、侧滑或失去转向能力，则汽车将偏离原来的路径，这对行车安全影响极大。

4. 操控稳定性

操控稳定性是指在驾驶人不感到过分紧张、疲劳的条件下，汽车能遵循驾驶人通过转向系统及转向车轮给定的方向行驶，且当遭遇外界干扰时，汽车能抵抗干扰而保持稳定行驶的能力。

随着道路的不断改善，特别是高速公路的发展，汽车以 100km/h 或更高车速行驶的情况是常见的。汽车的操控稳定性不仅影响汽车驾驶的操控方便程度，也是决定汽车高速行驶安全的一个主要性能指标。

汽车操控稳定性涉及的问题较为广泛，需要采用较多的物理参量从多方面来进行评价，其中，基本的、重要的评价指标是汽车的稳态转向特性。稳态转向特性包括不足转向、过度转向以及中性转向三种状况。不足转向特性的汽车，在固定转向盘转角的情况下绕圆周加速行驶时，转弯半径会增大；过度转向特性的汽车在同种条件下转弯半径会逐渐减小；中性转向特性的汽车则转弯半径不变。由于过度转向特性的汽车在转弯时容易发生剧烈的回转，从而导致翻车事故的发生，因此在汽车设计中要避免汽车具有过度转向特性。汽车的转向特性与汽车的前后桥轴荷分配、轮胎和悬架种类以及转向结构形式等有关。易操控的汽车应具有适当的不足转向特性，以防止汽车出现突然甩尾现象。

5. 行驶平顺性

汽车行驶时，由于路面不平以及发动机、传动系统和车轮等旋转部件都会引起汽车的振动。通常，路面不平是汽车振动的基本输入。因此，行驶平顺性主要是指路面不平引起的汽车振动。

行驶平顺性是指汽车在行驶过程中产生的振动和冲击对乘员舒适性的影响应保持在一定限度内。因此，行驶平顺性主要根据乘员主观感觉的舒适性来评价，所以它又称为乘坐舒适性。对于货车，还包括保持货物完好的性能。

汽车行驶平顺性主要与汽车悬架系统的参数密切相关，即悬架的刚度、阻尼、车身质量、车轮质量以及车轮刚度有关。改善行驶平顺性主要是使汽车的振动频率按人体对不同频率的感受程度保持在一定界限内。

6. 通过性

通过性是指汽车能以足够高的平均车速通过各种坏路和无路地带及各种障碍的能力。通过性主要取决于地面的物理性质及汽车的结构参数和几何参数（图 1-2-2）。同时，它还与汽车的其他性能，如动力性、平顺性、机动性、稳定性和视野性等密切相关。

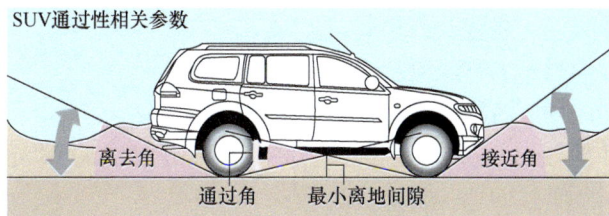

图 1-2-2　汽车通过性指标

由于汽车与地面的间隙不足而被地面托住、无法通过的情况，称为间隙失效；当汽车前端或尾部触及地面而不能通过时，则分别称为触头失效或托起失效。与间隙失效、触头失效以及托起失效有关的汽车整车几何参数，称为汽车的通过性几何参数。

任务实施

任务工单　汽车参数的认知

姓名		学号		班级	
科目		教师		得分	

一、器材准备

1. 结构参数测量仪器设备
1）高度尺：量程 0~1000mm，最小刻度为 0.5mm。
2）离地间隙仪：量程 0~500mm，最小刻度为 0.5mm。
3）角度尺：量程 0°~180°，最小刻度为 1°。
4）钢卷尺：量程 0~20m，最小刻度为 1mm。
5）水平仪及三维 H 点装置（可用三维坐标仪代替）。

2. 汽车质量参数测量设备
1）使用地秤时，秤台面积应能容纳全部实验车车轴，秤台出入口地面应与台面保持同一水平面。
2）使用车轮负荷计时，应使各车轮负荷计的上平面在同一水平面内。

3. 汽车最小转弯直径测量设备
1）行驶轨迹显示装置。
2）钢卷尺，量程 0~30m，精度为 1mm。

4. 实训车

二、实施步骤

1. 结构参数测量步骤
1）基准面和基准点确定。
2）测量基准点相对于支承平面的距离。

2. 外部尺寸测量
1）外部宽度尺寸编码、名称及测量部位。
2）外部高度尺寸编码、名称及测量部位。
3）外部长度尺寸编码、名称及测量部位。
4）离地间隙尺寸编码、名称及测量部位。

3. 质量参数测量步骤
1）使用地秤测量时，汽车先从一个方向低速驶入秤台面，依次测量前轴轴载质量、整车质量、后轴轴载质量，然后汽车调头，从相反方向驶入秤台面，依次重复测量前述几个参数。
2）使用车轮负荷计测量时，首先将车轮负荷计标零，再将汽车驶向车轮负荷计，分别测量各轴轴载质量并计算整车质量。

三、填写工单

参数	值	参数	值
接近角		装备质量	
离去角		总质量	
最小离地间隙		前悬/后悬	
满载质量		长×宽×高	

任务评价

名称		组别		学生姓名		工位号	
		用时				零件号	
序号	考核项目	评分标准	分数	学生自评	小组互评	教师评价	小计
1	团队协作	是否协同有效工作	10				
2	工作态度	是否积极主动追求精益求精	10				
3	任务方案	是否正确、合理	20				
4	任务完成情况	操作方法正确、数据正确记录、分析结果正确	30				
5	安全规范	有无安全隐患,设备、工量具使用规范、标准,遵守劳动纪律	20				
6	现场 7S	是否做到	10				
	总分		100				
	教师签名				总计		

知识点总结

1. 整备质量是汽车完全装备好(但不包括货物、驾驶人及乘客)的质量。

2. 装载质量是货车在硬实、良好的路面上行驶时所允许的最大额定装载质量。

3. 总质量是汽车在满载时的总质量,即汽车整备质量与装载质量之和。

4. 汽车的主要结构参数有轴距、轮距、轮廓尺寸、前悬、后悬、接近角、离去角和最小离地间隙等。

5. 汽车性能是指汽车满足使用要求的程度,也是衡量汽车好坏的重要指标。通常用来评定汽车性能的指标有动力性、燃油经济性、制动性、操控稳定性、行驶平顺性和通过性等。

![课后习题]

一、选择题

1. 汽车按总体构造可划分为发动机、底盘、车身和（　　）四大部分。

A. 电气设备　　　　B. 轮胎　　　　　　C. 驾驶室　　　　　　D. 车架

2. 发动机的作用是将燃料燃烧产生的（　　）转化为机械能。

A. 电能　　　　　　B. 化学能　　　　　C. 热能　　　　　　　D. 燃料能

3. 按规定，乘用车包括驾驶人座位在内最多不超过（　　）个座位。

A. 5　　　　　　　 B. 7　　　　　　　 C. 9　　　　　　　　 D. 11

4. 根据 GB/T 3730.1—2022 标准，汽车按用途可分为（　　）两种。

A. 乘用车、商用车　　　　　　　　　B. 轿车、货车

C. 乘用车、专用车　　　　　　　　　D. 民用车、商用车

5. 商用车可分为（　　）。

A. 客车和货车两大类

B. 客车、货车、轿车三大类

C. 客车、货车、挂车和汽车列车四大类

D. 客车、货车、轿车、挂车和专用车五大类

二、判断题

1. 汽车的最高车速越高，其加速性能就越好。（　　）

2. 汽车的轴距越长，乘坐空间越宽敞、舒适。（　　）

3. 汽车的自重越大，对悬架系统和制动系统的要求就越高。（　　）

4. 汽车的底盘高度越低，车辆的转向稳定性越好。（　　）

5. 汽车的驱动方式不同，会对车辆的操控性能产生影响。（　　）

项目二

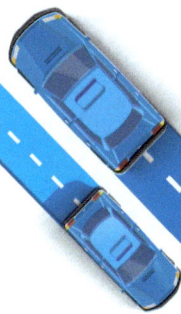

燃油汽车结构认知

➡ 【项目概述】

　　本项目以燃油汽车发动机、底盘、车身、电气设备四大部分组成为框架，设计了汽车总体结构与行驶原理的认知、汽车发动机的认知、电控发动机燃油喷射系统的认知、汽车底盘的认知、汽车电气系统的认知、汽车车身的认知六个任务。对应汽车维修类技能考试大纲，应掌握传统汽车构造知识，掌握发动机的基本术语，掌握四冲程汽油机和柴油机的基本工作原理，掌握汽车发动机、底盘、电气系统的基本组成和特点。

任务一　　汽车总体结构与行驶原理的认知

任务引入

汽车给人们生活带来很多的好处，改变了人们的出行方式和生活方式。汽车加速了不同地区的交流，促进了不同地区的发展。那么，汽车是如何构成的？作为从业人员，必须对汽车的总体结构和行驶原理有清晰的认知。

任务目标

知识目标	技能目标	素养目标
1. 了解发动机、底盘、车身、电气设备四大总成 2. 阐述汽车的基本行驶原理	1. 能识别汽车整体结构 2. 会进行汽车行驶阻力分析	培养团结协作的意识

知识链接

一、汽车的基本组成

汽车是由成千上万个零件所组成的结构复杂的交通工具。根据其动力装置和使用条件等的不同，汽车的具体构造有很大的差别，但总体结构通常由发动机、底盘、车身以及电气设备四大部分组成。

1. 发动机

汽车发动机是将燃料内能转换成机械能的动力装置（图2-1-1）。汽车广泛应用的是往复活塞式汽油发动机或柴油发动机，它们通常由曲柄连杆机构、配气机构、燃油供给系统、冷却系统、润滑系统、点火系统和起动系统组成。

2. 底盘

底盘（图2-1-2）是接收发动机的动力使汽车运动并按驾驶人的操纵正常行驶的部件，是汽车的基体。发动机、车身、电器与电子设备以及各种附属设备都直接或间接地安装在底盘上。底盘主要由传动系统、行驶系统、转向系统和制动系统四大部分组成。

3. 车身

车身（图2-1-3）为驾乘人员提供乘坐空间，有承载式车身和非承载式车身之分。车身主要包括车窗、车门、驾驶舱、发动机舱和行李舱等部分。

图 2-1-1　发动机

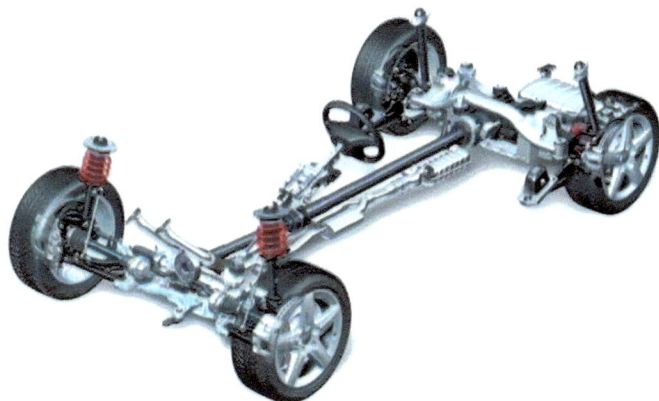

图 2-1-2 底盘

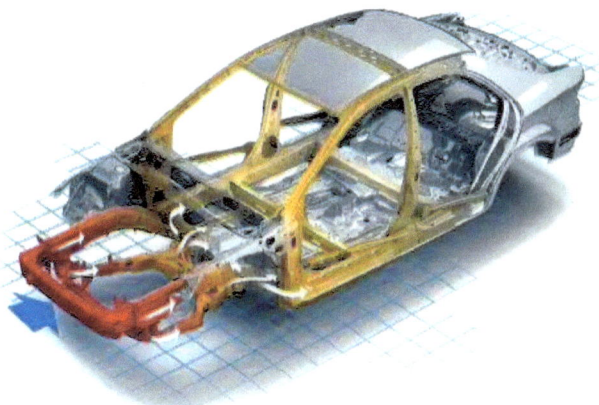

图 2-1-3 车身

4. 电气设备

电气设备（图 2-1-4）由电源和用电设备组成，包括发电机、蓄电池、起动系统、点火系统以及汽车的照明、信号装置和仪表等。汽车上越来越多地装用各种电子设备，如微处理器、中央计算机系统及各种电控装置等，显著地提高了汽车的使用性能。

二、汽车行驶原理

汽车以一定的速度行驶，必须沿汽车行驶方向施加一个驱动力，用以克服汽车行驶中所受到的各种阻力，如图 2-1-5 所示，汽车在行驶过程中受到的力主要有以下几种：

1. 汽车的驱动力

驱动力是由发动机的转矩经传动系统传至驱动轮得到的。汽车发动机产生的有效转矩 T_e 经汽车传动系统传到驱动轮上，在驱动轮上产生转矩 T_t，从而产生对地面的一个圆周力 F_0。与此同时，引起地面对驱动轮产生一个与汽车行驶方向一致的切向反作用力 F_t，此切向反作用力即为汽车的驱动力。

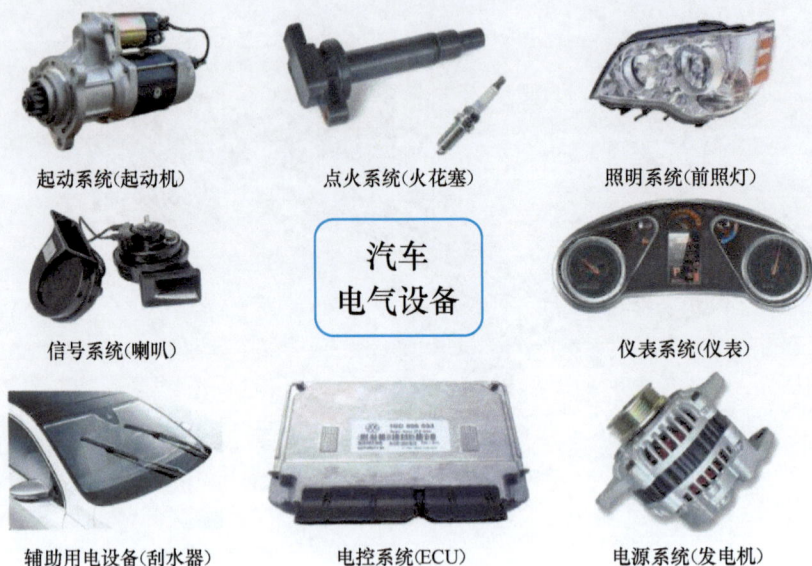

起动系统(起动机)　　点火系统(火花塞)　　照明系统(前照灯)

汽车
电气设备

信号系统(喇叭)　　　　　　　　　　　仪表系统(仪表)

辅助用电设备(刮水器)　　电控系统(ECU)　　电源系统(发电机)

图 2-1-4　电气设备

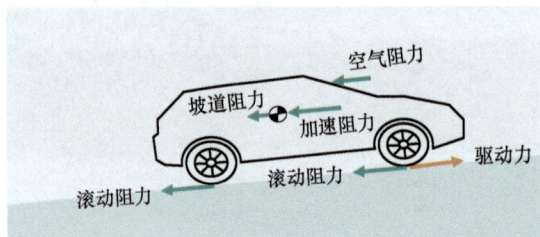

图 2-1-5　汽车行驶所受的力

2. 汽车的行驶阻力

汽车在道路上行驶时一般有滚动阻力、空气阻力、坡道阻力和加速阻力四种。

（1）滚动阻力　滚动阻力 F_f 是当车轮在路面上滚动时，由于两者间的相互作用力和相应变形所引起的能量损失的总称。当汽车在硬路面上行驶时，车轮滚动，轮胎圆周的各个部分被不断地压缩、变形，然后又不断地恢复变形。在这个变形过程中，橡胶分子之间发生摩擦，伴随摩擦而发热，且向大气散发。使轮胎变形所做的功不能全部回收，从而消耗了汽车的输出功率。这部分功率损失称为轮胎的弹性迟滞损失。当汽车在软路面上行驶时，其滚动阻力则来自松软路面变形和轮胎弹性变形的迟滞损失。

（2）空气阻力　汽车是在空气介质中行驶的，汽车相对于空气运动时，空气作用力在行驶方向上的分力称为空气阻力 F_w。空气阻力分为摩擦阻力与压力阻力两部分。摩擦阻力是由于空气的黏性在车身表面产生的切向力的合力在行驶方向的分力。摩擦阻力与车身表面质量及表面有关，占空气阻力的 8%～10%。压力阻力是作用在汽车外形表面上的法向压力的合力在行驶方向的分力。压力阻力中的形状阻力占主要部分，所以车身主体形状是影响空气阻力的主要因素，改进车身流线型体是减小空气阻力的有效途径。

（3）坡道阻力　汽车在纵向坡道上坡行驶时，汽车质量产生与地面平行的分力，其分力方向与汽车行驶方向相反，即形成汽车的上坡阻力 F_i。汽车的上坡阻力与坡度值成正比。

（4）加速阻力　汽车加速行驶时，需要克服其质量加速运动时的惯性力，就是加速阻力 F_j。汽车的质量分为平移质量和旋转质量两部分。加速时，不仅要克服汽车平移质量在加速过程中产生的惯性力，同时还要克服旋转质量产生的惯性力偶矩。

上述各阻力中，滚动阻力和空气阻力始终作用于行驶的汽车上，坡道阻力和加速阻力仅在相应行驶条件下存在。在水平道路上等速行驶时就没有坡道阻力和加速阻力。汽车下坡时，F_i 为负值，这时汽车重力沿路面方向的分力已不是汽车的行驶阻力，而是动力。汽车减速行驶时，惯性作用力是使汽车前进的力，此时 F_j 也为负值。

当汽车驱动力大于滚动阻力、空气阻力、上坡阻力之和时，汽车加速行驶；驱动力等于上述阻力之和，汽车等速行驶；小于上述阻力，汽车减速行驶直至停车。

三、汽车行驶条件

汽车在行驶时，必须满足驱动和附着条件，即汽车的驱动力应与阻力相平衡，由此得到汽车行驶方程式

$$F_t = F_f + F_i + F_w + F_j$$

1. 汽车行驶的驱动条件

为保证汽车在道路上正常行驶，必须具有克服各种行驶阻力的足够驱动力，这就是汽车的驱动条件。

汽车的驱动条件可写成

$$F_t \geq F_f + F_w + F_i$$

2. 汽车行驶的附着条件

通常把轮胎不滑转时，地面对车轮的最大切向反作用力的极限值，称为附着力 F_ϕ。使附着力大于或等于最大驱动力，这就是汽车行驶的附着条件。

汽车的附着条件可写成

$$F_t \leq F_\phi$$

式中，$F_\phi = \phi F_z$，ϕ 称为附着系数，它是由路面和轮胎决定的；F_z 为驱动轮法向反作用力。

在冰雪或泥泞路面上，由于附着力很小，汽车的驱动力受到附着力的限制而不能克服较大的阻力，导致汽车减速，甚至不能前进。即使增大节气门开度，或将变速器换入低档，车轮也只会在地面上滑转，而驱动力仍不能增大。为了增加车轮在冰雪路面上的附着力，可采用特殊花纹的轮胎、镶钉轮胎或在普通轮胎上绕装防滑链，以提高其对冰雪路面的抓地能力。非全轮驱动汽车的附着重力仅为分配到驱动轮上的那部分汽车总重力；而全轮驱动汽车的附着重力是全车的总重力，因而其附着力较前者显著增大。

任务实施

任务工单　汽车总体结构的认知

姓名		学号		班级	
科目		教师		得分	

一、器材准备

别克实训车、世达 150 件套、防护三件套、手电筒、抹布等。

二、实施步骤

1）认知发动机的组成部分。
2）认知底盘的组成部分。
3）认知车身的组成部分。
4）认知电气设备的组成部分。

三、填写工单

项目	组成部分
发动机	
底盘	
车身	
电气设备	

任务评价

名称		组别		学生姓名		工位号	
		用时				零件号	
序号	考核项目	评分标准	分数	学生自评	小组互评	教师评价	小计
1	团队协作	是否协同有效工作	10				
2	工作态度	是否积极主动追求精益求精	10				
3	任务方案	是否正确、合理	20				
4	任务完成情况	操作方法正确、数据正确记录、分析结果正确	30				
5	安全规范	有无安全隐患，设备、工量具使用规范、标准，遵守劳动纪律	20				
6	现场 7S	是否做到	10				
	总分			100			
	教师签名				总计		

知识点总结

1. 汽车的具体构造可以有很大的差别，但总体结构通常由发动机、底盘、车身以及电气设备四大部分组成。

2. 汽车要运动并以一定的速度行驶，必须沿汽车行驶方向施加一个驱动力，用以克服汽车行驶中所受到的各种阻力。

课后习题

一、判断题

1. 汽车驱动力等于汽车行驶中的总阻力时，汽车就停止运动。（　　）

2. 汽车正常行驶时所能获得的最大驱动力总是小于或等于车辆的附着力。（　　）

3. 汽车驱动力等于汽车行驶中的总阻力时，汽车处于匀速行驶或者静止状态。（　　）

4. 汽车在任何行驶条件下均存在滚动阻力和空气阻力。（　　）

5. 汽车驱动力的大小取决于发动机输出功率的大小。（　　）

二、选择题

1. 以下（　　）情况下，行驶阻力会增大。

A. 车速提高　　　　　　　　　　　　B. 车辆质量减小

C. 轮胎气压减小　　　　　　　　　　D. 车辆负荷减小

2. 车辆在连续加速行驶时，行驶阻力会（　　）。

A. 增大　　　　　　B. 减小　　　　　　C. 不变　　　　　　D. 不确定

3. （　　）可以降低车辆的滚动阻力。

A. 车速提高　　　　　　　　　　　　B. 变低车辆高度

C. 使用子午线轮胎　　　　　　　　　D. 轮胎气压减小

4. 当车辆负荷增加时，行驶阻力会（　　）。

A. 增大　　　　　　B. 减小　　　　　　C. 不变　　　　　　D. 不确定

5. （　　）对车辆风阻力大小的影响最大。

A. 车辆尺寸　　　　　　　　　　　　B. 车辆重量

C. 车速　　　　　　　　　　　　　　D. 车辆高度

任务二 汽车发动机的认知

任务引入

本任务主要介绍汽车发动机的功能和基本组成，发动机的基本术语和各个部分的名称、基本原理。通过本任务的学习，能对汽车发动机有一个基本认知。

任务目标

知识目标	技能目标	素养目标
1. 了解发动机各系统的组成和功用 2. 掌握发动机的基本工作原理	1. 能对照发动机实物说出发动机各部件的名称 2. 能对照发动机实物解释发动机的基本术语 3. 具备信息查询和使用手册的基本能力	1. 养成团结协作的团队意识 2. 养成自主学习的习惯、规范操作的工作作风及环保意识

知识链接

一、发动机的定义与作用

发动机是一种能够把其他形式的能转化为机械能的机器，包括内燃机、外燃机和电动机等。发动机既可指动力发生装置，又可指包括动力装置的整个机器。

汽车发动机是为汽车提供动力的装置，是汽车的心脏，是一个能量转换装置，作用是将燃料在密封的气缸内燃烧后产生膨胀气体，推动活塞做功，转变为机械能。发动机按照所使用燃料的不同可以分为汽油机和柴油机。

二、发动机的基本结构

汽油机（图2-2-1）由两大机构和五大系统组成，即由曲柄连杆机构、配气机构以及燃油供给系统、润滑系统、冷却系统、点火系统和起动系统组成。

柴油机由两大机构和四大系统组成，即由曲柄连杆机构、配气机构以及燃油供给系统、润滑系统、冷却系统和起动系统组成。柴油机是压燃的，不需要点火系统。

1. 发动机的两大机构

（1）曲柄连杆机构　曲柄连杆机构是发动机实现工作循环、完成能量转换的主要运动部件，它由机体组、活塞连杆组和曲轴飞轮组等组成，如图2-2-2所示。

（2）配气机构　配气机构的功用是根据发动机的工作顺序和工作过程，定时开启和关闭进气门和排气门，使可燃混合气或空气进入气缸，并使废气从气缸内排出，实现换气过程，如图2-2-3所示。

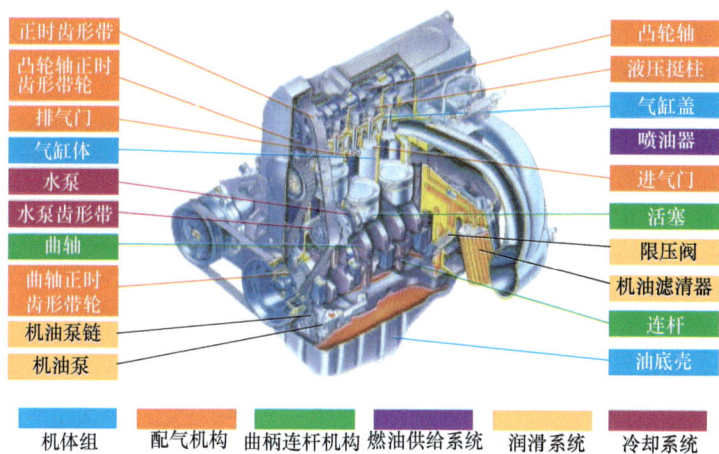

正时齿形带	凸轮轴
凸轮轴正时齿形带轮	液压挺柱
排气门	气缸盖
气缸体	喷油器
水泵	进气门
水泵齿形带	活塞
曲轴	限压阀
曲轴正时齿形带轮	机油滤清器
机油泵链	连杆
机油泵	油底壳

机体组　配气机构　曲柄连杆机构　燃油供给系统　润滑系统　冷却系统

图 2-2-1　发动机的基本结构

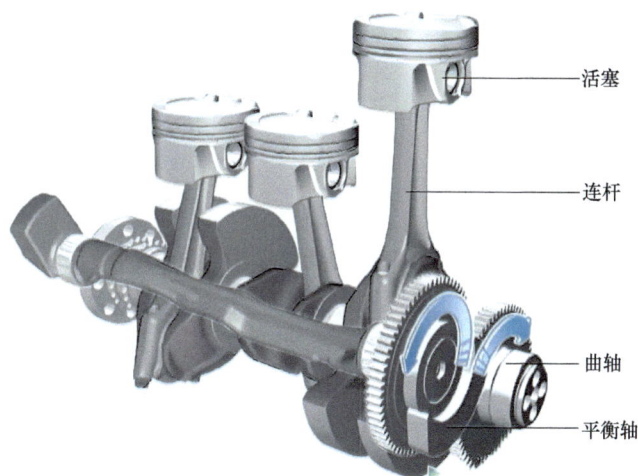

活塞

连杆

曲轴

平衡轴

图 2-2-2　曲柄连杆机构的结构

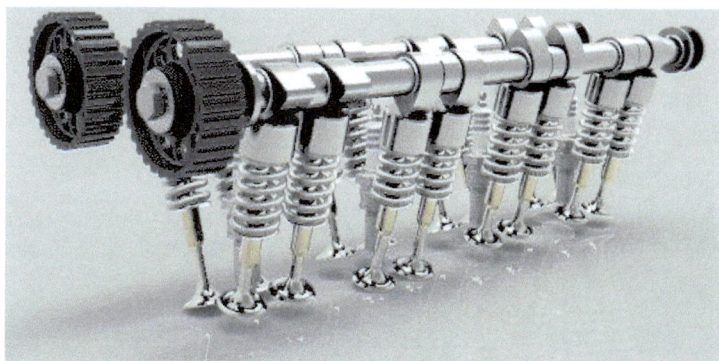

图 2-2-3　配气机构

25

2. 汽油发动机五大系统

（1）冷却系统　冷却系统的功能是将受热零件的部分热量及时散发出去，保证发动机在最适宜的温度状态下工作（图2-2-4）。

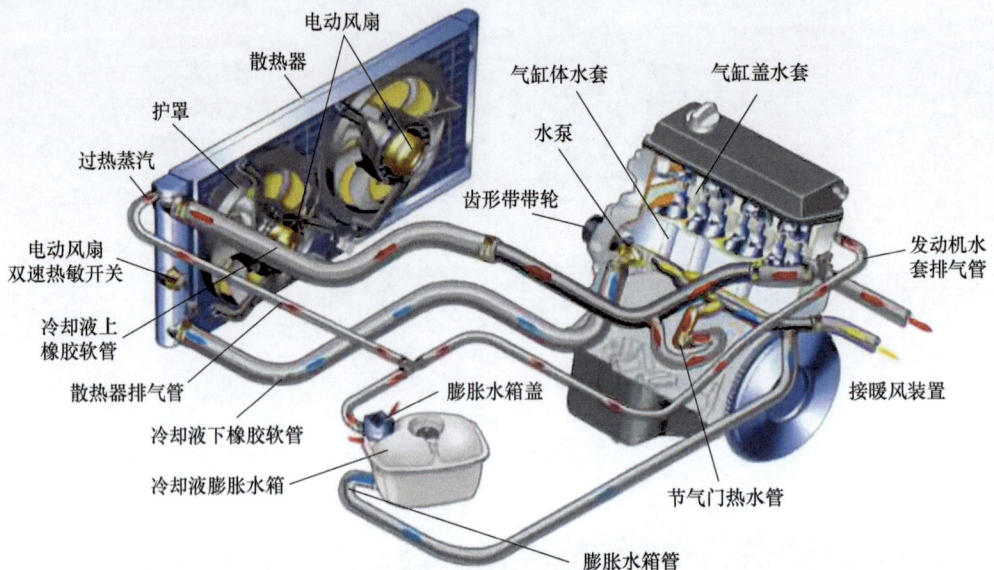

图 2-2-4　冷却系统

（2）燃油供给系统　汽油机燃油供给系统的功用是根据发动机的要求，配制出一定数量和浓度的混合气，送入气缸，并将燃烧后的废气从气缸内排出到大气中（图2-2-5）。

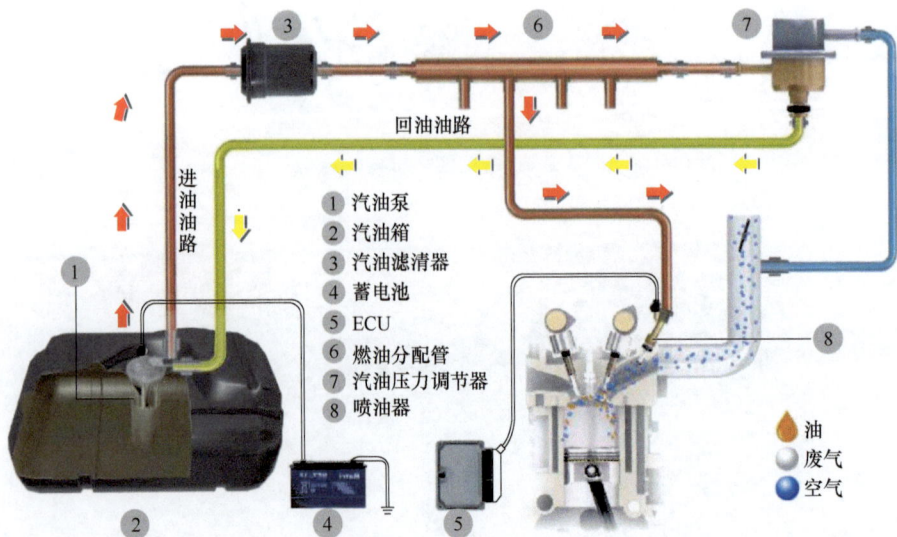

图 2-2-5　燃油供给系统

柴油机燃油供给系统的功用是把柴油和空气分别送入气缸，在燃烧室内形成混合气并燃烧，最后将燃烧后的废气排出。

（3）润滑系统　润滑系统的功用是向做相对运动的零件表面输送定量的清洁润滑油，减小摩擦阻力，减轻机件的磨损，并对零件表面进行清洗和冷却（图 2-2-6）。

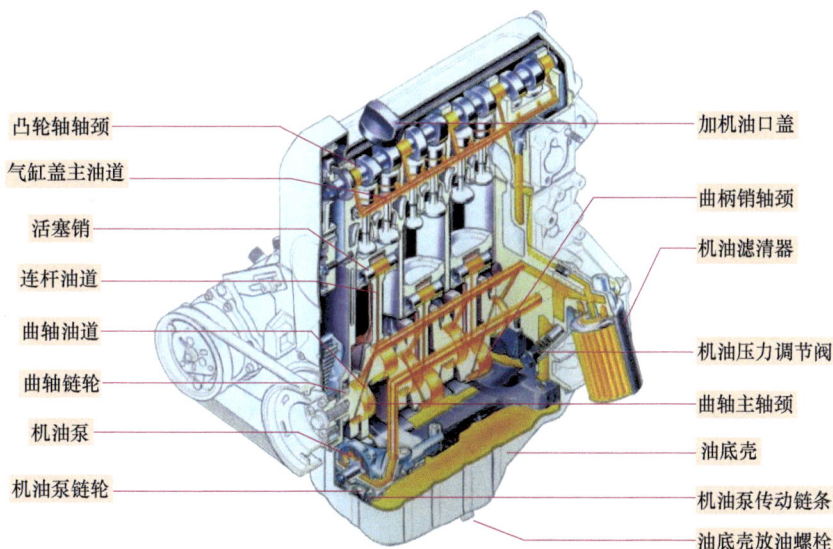

凸轮轴轴颈　　　　　　　　　　加机油口盖
气缸盖主油道　　　　　　　　　曲柄销轴颈
活塞销　　　　　　　　　　　　机油滤清器
连杆油道
曲轴油道　　　　　　　　　　　机油压力调节阀
曲轴链轮　　　　　　　　　　　曲轴主轴颈
机油泵　　　　　　　　　　　　油底壳
机油泵链轮　　　　　　　　　　机油泵传动链条
　　　　　　　　　　　　　　　油底壳放油螺栓

图 2-2-6　润滑系统

（4）点火系统　在汽油机中，气缸内的可燃混合气是靠电火花点燃的，为此在汽油机的气缸盖上装有火花塞，火花塞头部伸入燃烧室内。能够按时在火花塞电极间产生电火花的全部设备称为点火系统，点火系统通常由蓄电池、发电机、分电器、点火线圈和火花塞等组成（图 2-2-7）。

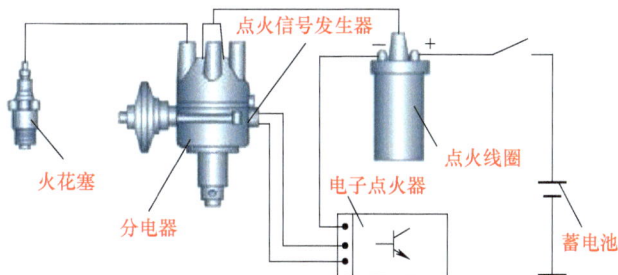

点火信号发生器
火花塞
分电器
电子点火器
点火线圈
蓄电池

图 2-2-7　点火系统

（5）起动系统　起动系统由蓄电池、点火开关、起动继电器和起动机等组成（图 2-2-8）。起动系统的功用是通过起动机将蓄电池的电能转换成机械能，起动发动机运转。

三、发动机的基本术语

1. 上止点（TDC）
上止点是指活塞顶离曲轴箱回转中心最远处，即活塞最高位置。
2. 下止点（BDC）
下止点是指活塞顶离曲轴箱回转中心最近处，即活塞最低位置。

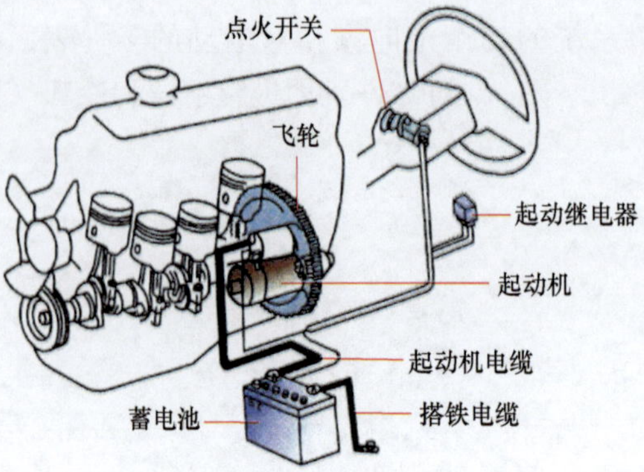

图 2-2-8　起动系统

3. 活塞行程（S）

活塞行程是指活塞由一个止点移动到另一个止点的运动过程，也叫作行程。行程的距离 S 也就是上、下止点间的距离，单位是 mm。

4. 曲轴半径（R）

曲轴半径是指与连杆大头相连接的曲柄销的中心线到曲轴回转中心线的距离。曲轴每转一周，活塞移动两个行程，所以 $S=2R$。

5. 气缸工作容积（V_h）

气缸工作容积是指活塞从一个止点运动到另一个止点所扫过的容积，即活塞一个行程所扫过的容积就叫作气缸的工作容积，一般用 V_h 表示，单位为 L。

6. 发动机工作容积（L）

发动机工作容积是指发动机所有气缸工作容积总和，一般称作发动机排量。

7. 燃烧室容积（V_c）

燃烧室容积是指活塞在上止点时，活塞顶上面的空间容积。一般用 V_c 表示，单位为 L。

8. 气缸总容积（V_a）

气缸总容积是指活塞在下止点时，活塞顶上面的空间容积，等于气缸工作容积与燃烧室容积总和。

9. 压缩比（ε）

压缩比是指气缸总容积与燃烧室容积的比值。

10. 工作循环

发动机完成进气、压缩、做功和排气四个过程（行程），称为一个工作循环。

四、发动机工作过程

汽车发动机属于活塞式发动机，工作过程分为进气行程、压缩行程、做功行程、排气行程四个行程，如图 2-2-9 所示。

进气行程：活塞从上止点运行到下止点，进气门打开，吸入可燃混合气或纯空气。

压缩行程：活塞从下止点运行到上止点，压缩可燃混合气。

做功行程：压缩的可燃混合气被点燃后膨胀，活塞从上止点运行到下止点，推动曲轴转动。

排气行程：活塞从下止点运行到上止点，排气门打开排出废气。

图 2-2-9 发动机工作过程

（进气行程　压缩行程　做功行程　排气行程）

（火花塞　进气　活塞　连杆　曲轴　燃烧室　排气）

任务实施

任务工单　汽车发动机的认知

姓名		学号		班级	
科目		教师		得分	

一、任务目标

1）能识别两大机构、五大系统。

2）能识别发动机各系统的组成及作用。

3）能对发动机的基本术语进行简单描述。

二、任务组织

教师示范讲解实训安全防护的规范和要求，现场演示发动机台架的操作规范，根据任务目标，对学生进行分组。学生按照分组，在工单的指引下进行实训，完成工单任务和考核。

三、实施过程

1. 车辆信息记录

品牌		整车型号		生产日期	
发动机型号		发动机排量		行驶里程	
车辆识别代号					

2. 自主探究

根据所学知识，识别图 2-2-10 中各部件的名称，填写到对应的方格中。

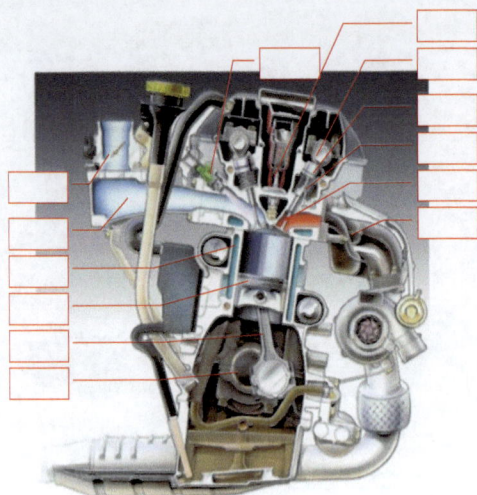

图 2-2-10　发动机的结构

3. 合作探究

一人旋转发动机飞轮，另一人观察气缸中活塞的运行情况，结合发动机工作过程，填写活塞、进气门、排气门在工作循环中的运动关系。

	进气行程	压缩行程	做功行程	排气行程
活塞				
进气门				
排气门				

任务评价

名称		组别		学生姓名		工位号	
		用时				零件号	
序号	考核项目	评分标准	分数	学生自评	小组互评	教师评价	小计
1	团队协作	是否协同有效工作	10				
2	工作态度	是否积极主动追求精益求精	10				
3	任务方案	是否正确、合理	20				
4	任务完成情况	操作方法正确、数据正确记录、分析结果正确	30				

序号	考核项目	评分标准	分数	学生自评	小组互评	教师评价	小计
5	安全规范	有无安全隐患，设备、工量具使用规范、标准，遵守劳动纪律	20				
6	现场 7S	是否做到	10				
总分			100				
教师签名					总计		

知识点总结 ⚙

1. 发动机是一种能够把其他形式的能转化为机械能的机器。
2. 汽车发动机是为汽车提供动力的装置，是汽车的心脏，是一个能量转换装置。
3. 汽油机发动机由两大机构、五大系统组成。
4. 柴油机发动机按两大机构、四大系统组成。
5. 发动机的工作可分为进气、压缩、做功和排气四个行程。

任务拓展 ⚙

发动机的分类

发动机按照气缸排列方式的不同可以分为单列式、双列式和三列式。单列式发动机的各个气缸排成一列，一般是垂直布置的，但为了降低高度，有时也把气缸布置成倾斜的，甚至水平的。双列式发动机把气缸排成两列，两列之间的夹角小于180°（一般为90°）称为V形发动机，若两列之间的夹角等于180°称为对置式发动机。三列式发动机是把气缸排成三列，称为W形发动机。

发动机按照冷却方式的不同可以分为水冷发动机和风冷发动机。水冷发动机是利用在气缸体和气缸盖冷却水套中进行循环的冷却液作为冷却介质进行冷却。风冷发动机是利用流动于气缸体与气缸盖外表面散热片之间的空气作为冷却介质进行冷却。水冷发动机冷却均匀、工作可靠、冷却效果好，被广泛地应用于车用发动机上。

发动机按照完成一个工作循环所需的行程数可分为四冲程发动机和二冲程发动机。把曲轴转两圈（720°），活塞在气缸内上下往复运动四个行程，完成一个工作循环的发动机称为四冲程发动机；而把曲轴转一圈（360°），活塞在气缸内上下往复运动两个行程，完成一个工作循环的发动机称为二冲程发动机。发动机按照所使用燃料的不同可以分为汽油机和柴油机。

使用汽油为燃料的发动机称为汽油机；使用柴油为燃料的发动机称为柴油机。汽油机与柴油机各有特点：汽油机转速高，质量小，噪声小，起动容易，制造成本低；柴油机压缩比大，热效率高，经济性能和排放性能都比汽油机好。

课后习题

一、填空题

1. 四冲程发动机的一个工作循环包括_____行程、_____行程、_____行程、_____行程。

2. 气缸总容积等于_____与_____之和。

3. 压缩比等于_____与_____之比。

4. 多缸发动机的排量等于一个气缸的_____乘以_____。

二、判断题

1. 汽车发动机广泛使用二冲程发动机。（　　）

2. 所有气缸的总容积之和称为发动机的排量。（　　）

3. 活塞处于上止点时活塞上方的容积称为燃烧室容积。（　　）

4. 压缩比等于气缸总容积与燃烧室容积的比值。（　　）

5. 汽油机的最高燃烧温度高于柴油机的最高燃烧温度。（　　）

三、选择题

1. 发动机的作用是（　　）。

A. 传递动力　　　　　　B. 中断动力　　　　　C. 提供动力　　　　　D. 都不是

2. 发动机按照气缸排列方式不能分为（　　）。

A. 单列式　　　　　　　B. 双列式　　　　　　C. 三列式　　　　　　D. 四列式

3. 四冲程发动机完成一个工作循环，曲轴转（　　）圈。

A. 1　　　　　　　　　　B. 2　　　　　　　　　C. 3　　　　　　　　　D. 4

4. 发动机工作容积指（　　）。

A. 上止点到下止点的容积　　　　　　　B. 所有气缸总容积之和

C. 气缸单缸容积　　　　　　　　　　　D. 燃烧室的容积

5. 柴油机与汽油机的区别是（　　）。

A. 没有点火系统　　　　　　　　　　　B. 没有起动系统

C. 没有燃油供给系统　　　　　　　　　D. 没有冷却系统

任务三　电控发动机燃油喷射系统的认知

任务引入

汽车发动机广泛采用了电子控制系统（简称电控系统），用电控系统取代机械控制可以实现更加精准的控制，由此产生了电控发动机。电控发动机利用传感器、电控单元、执行器等使发动机工作在最佳工况状态下，从而提高整车性能，达到节能减排的目的。

电控系统的工作状态，直接关系到发动机的运转是否正常。因此，需要维修人员对电控发动机的结构有全面的了解。

任务目标

知识目标	技能目标	素养目标
1. 掌握电控发动机的组成及各部分的作用 2. 掌握电控发动机的特点	能区分各传感器、执行器并指出其安装位置	养成规范操作的意识，树立安全第一的观念

知识链接

一、电控发动机燃油喷射系统的组成

电控发动机燃油喷射系统主要由空气供给系统、燃油供给系统和电控系统三个部分组成，如图 2-3-1 所示。

1. 空气供给系统

空气供给系统（图 2-3-2）的功用是为发动机可燃混合气的形成提供必需的空气。空气供给系统主要由空气滤清器、空气流量传感器、节气门体、进气总管和进气歧管等组成，利用空气流量传感器直接测量发动机的进气量，控制系统可直接根据空气流量传感器信号计算与该空气量相应的喷油量。

2. 燃油供给系统

燃油供给系统的组成如图 2-3-3 所示，其功能是根据发动机运转工况的需要，向发动机供给一定数量的、清洁的、雾化良好的燃油。

燃油供给系统的工作流程：燃油泵从燃油箱中抽取燃油，通过燃油滤清器过滤后加压，再由燃油压力调节器调节压力，通过燃油喷油器喷射到发动机燃烧室内与空气混合。过量的燃油通过回油管路回送到燃油箱中，以便下次循环使用。在整个过程中，燃油供给系统需要保持恒定的燃油压力，以确保发动机的正常运行。

3. 电控系统

发动机电控系统由传感器、电控单元和执行器三部分组成，如图 2-3-4 所示。其作用是根据空气流量传感器或进气管绝对压力传感器信号和发动机转速信号确定基本喷油量，再根据其他传感器信号对喷油时间进行修正，并向喷油器发出控制指令，使喷油器喷油。

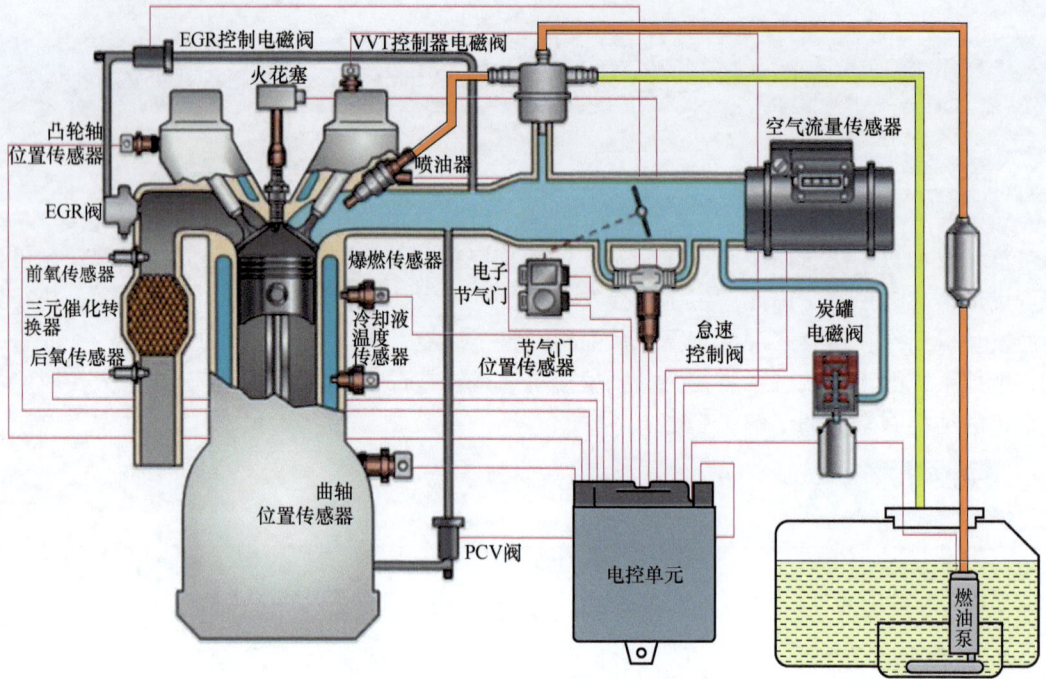

图 2-3-1 电控发动机燃油喷射系统

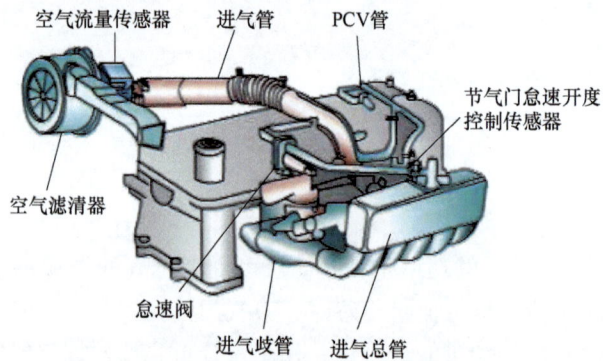

图 2-3-2 空气供给系统示意图

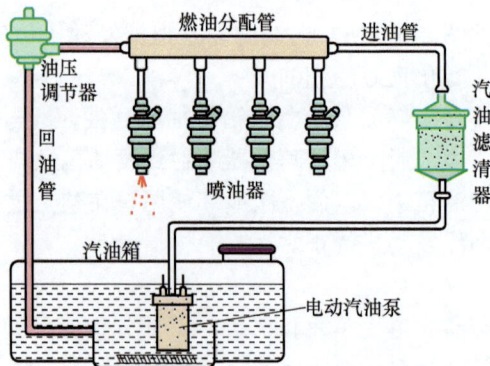

图 2-3-3 燃油供给系统的组成

图中标注：

空气流量传感器AFS　曲轴位置传感器CPS　凸轮轴位置传感器　节气门位置传感器TPS 怠速开关IDL　进气温度传感器　冷却液温度传感器CTS　氧传感器　No.1爆燃传感器DS No.2爆燃传感器DS　附加信号：点火开关信号IGN 起动开关信号STA 电源电压信号U$_{BAT}$ 空调信号A/C 车速信号VSS 空档安全开关信号–NSW

传感器

发动机控制单元ECU　　故障诊断通信接口

执行器

汽油泵　喷油器　点灾控制器与点火线圈　活性炭罐电磁阀　氧传感器加热器　怠速控制电动机　空调驱动信号点火反馈信号

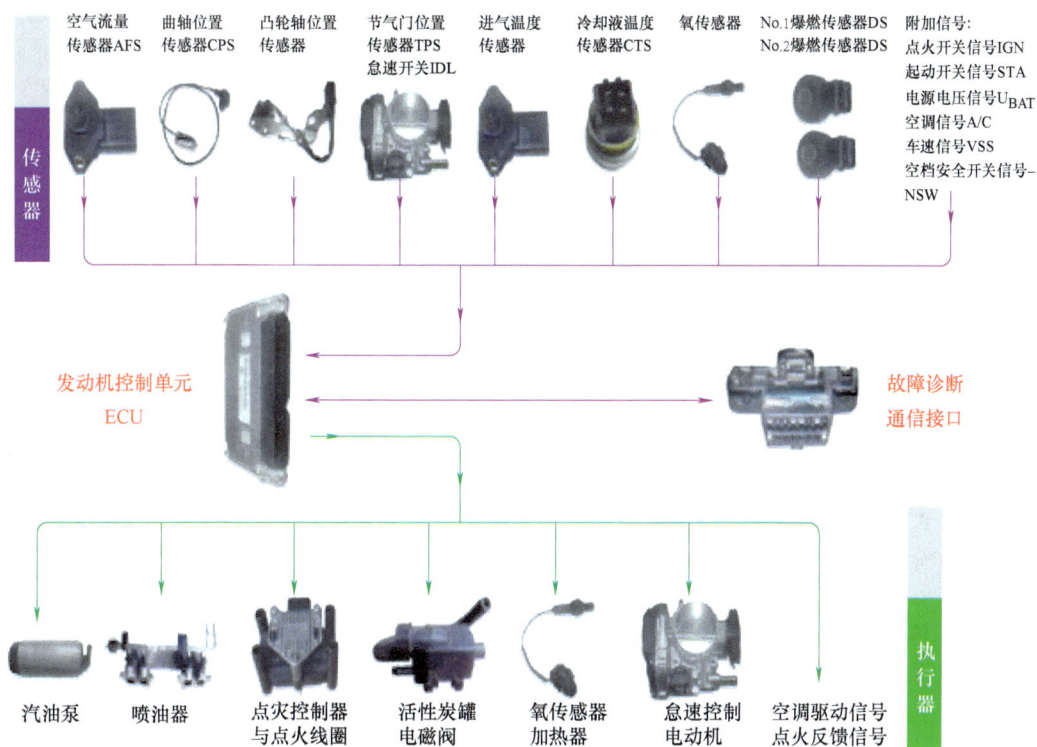

图 2-3-4　电控系统的组成

（1）传感器　传感器是装在发动机各部位上的信号转换装置，其功能是将控制系统所需要的压力、温度、空气流量、转速等发动机的工作情况和汽车运行状况信号采集下来，并将它们转换成电控单元可以识别的电信号后传送给电控单元。

1）位置传感器。位置传感器的作用是检测发动机曲轴和凸轮轴的位置，电控单元根据这些参数控制发动机燃油供应量和点火时间。

2）压力传感器。压力传感器主要用于测量发动机进气管和油路等地方的压力值，如进气压力传感器。

3）温度传感器。温度传感器的作用是检测发动机冷却液温度和机油温度等参数，并将这些信息反馈给电控单元，以便及时调整燃油喷射量和点火时间，如进气温度传感器、冷却液温度传感器。

4）氧传感器。氧传感器主要用于监测发动机排放的废气中氧气含量，从而控制汽车废气排放，减少对空气的污染，提升汽车发动机的燃油燃烧效率。

（2）电控单元　电控单元是发动机电控系统的核心部件，实际上是一个微型计算机，如图 2-3-5 所示。它接收各种传感器的信号，完成对这些信号的计算与处理，并发出相应指令来控制执行器的动作，以实现发动机的最佳工作状态。

电控单元还具有故障自诊断和保护功能。当系统出现故障时，可以自动将故障码记录下来，并采取保护措施，以保持发动机运行。同时，这些故障信息会显示在仪表盘上，以便车主及时发现问题及时维修。

图 2-3-5　电控单元

电控单元一般安装在汽车上尘土和潮气不易侵入、电磁干扰较小的部位，如仪表台、座椅、滤清器的下面或后面。

（3）执行器　执行器受电控单元的控制，负责执行电控单元发出的各项指令，是具体执行某项控制功能的装置。

在发动机电控系统中，随着控制功能的不同，执行器相应也有所不同，主要有燃油泵和喷油器。

1）燃油泵。燃油泵的作用是把燃油从燃油箱中抽取出来，经燃油滤清器过滤后输送到压力调节器，再送往发动机燃油分配管，并保持一定的压力。燃油泵一般安装在油箱内，由电机驱动。

2）喷油器。喷油器的功能是将燃油以一定压力喷出并雾化。燃油喷射有多点喷油系统和单点喷油系统之分，在多点喷油系统中喷油器通过绝缘垫圈安装在进气歧管或进气道附近的缸盖上，多点喷油系统每缸有一个喷油器，单点喷油系统的喷油器安装在节气门体上，各缸共用一个喷油器。

二、电控发动机的优点

电控发动机是由车载 ECU 来控制发动机的点火、喷油、空燃比和排放废气等，利用传感器、电控单元、执行器使发动机在最佳工况状态下工作，以达到提高其整车性能、节约能源、降低废气排放的目的。

与传统发动机相比，电控发动机的优势体现在以下几个方面：

1）提高了发动机的动力性：电控发动机采用电控燃油喷射系统和进气控制系统等，减小了进气阻力，提高了进气效率，使进入气缸中的空气得到充分的利用，从而提高了发动机的动力性。

2）提高了燃油利用效率：电控系统能精确控制各种运行工况下发动机所需的混合气浓度，使燃油燃烧更为充分，极大地提高了燃油的利用效率。

3）减少了污染：电控系统对发动机各种运行工况的优化控制，提高了燃料的燃烧效率，配合排放控制系统，使发动机的尾气污染大幅减少。

4）改善发动机的起动性能：在发动机起动和暖机过程中，控制系统能根据发动机温度变化，对进气量和供油量进行精确控制，从而保证发动机顺利起动，可明显改善发动机的低温起动性能。

5）改善发动机的加、减速性能：电控单元的运行速度非常快，控制系统在加速或减速运行的过渡工况下能够迅速响应，从而提高了汽车的加、减速性能。

任务实施

任务工单　电控发动机燃油喷射系统的认知

姓名		学号		班级	
科目		教师		得分	

一、器材准备

丰田卡罗拉车型（或其他车型）一辆或电控发动机台架一部；举升机一台；通用工具一套；发动机舱防护罩一套；三件套（座椅套、转向盘套、脚垫）一套。

二、实施步骤

1）打开车门，铺好"三件套"，拉动发动机舱盖手柄。

2）打开发动机舱盖，铺好发动机舱防护罩，拆下发动机护板。

3）找出空气滤清器、进气管道，并观察其结构及布置。

4）找出空气流量传感器（或进气压力传感器）、节气门及节气门位置传感器、凸轮轴位置传感器、冷却液温度传感器、爆燃传感器，并观察其位置。

5）找出各喷油器、怠速阀、点火模块（或点火线圈与点火模块的合成体），并观察其位置。

6）找出发动机舱内（或驾驶室仪表板下方）的电控单元，观察其安装位置。

7）打开汽车行李舱，拆下行李舱底部的燃油箱盖板，观察燃油箱及电动燃油泵。

8）按照举升机的操作要求采取相应的安全防护措施，用举升机举起汽车。

9）从汽车底部找出曲轴位置传感器、氧传感器，并观察其位置。

10）按照相反的顺序将汽车及举升机复位并检查复位状况是否良好。

三、填写工单

名称	类别	安装位置	规格	作用
空气流量传感器	□传感器 □电控单元 □执行器			
节气门位置传感器	□传感器 □电控单元 □执行器			
凸轮轴位置传感器	□传感器 □电控单元 □执行器			

（续）

名称	类别	安装位置	规格	作用
冷却液温度传感器	□传感器 □电控单元 □执行器			
爆燃传感器	□传感器 □电控单元 □执行器			
曲轴位置传感器	□传感器 □电控单元 □执行器			
氧传感器	□传感器 □电控单元 □执行器			
喷油器	□传感器 □电控单元 □执行器			
怠速阀	□传感器 □电控单元 □执行器			
点火模块	□传感器 □电控单元 □执行器			
电子控制器	□传感器 □电控单元 □执行器			

任务评价

名称		组别			学生姓名		工位号	
		用时					零件号	
序号	考核项目	评分标准		分数	学生自评	小组互评	教师评价	小计
1	团队协作	是否协同有效工作		10				
2	工作态度	是否积极主动追求精益求精		10				
3	任务方案	是否正确、合理		20				
4	任务完成情况	操作方法正确、数据正确记录、分析结果正确		30				

（续）

序号	考核项目	评分标准	分数	学生自评	小组互评	教师评价	小计
5	安全规范	有无安全隐患，设备、工量具使用规范、标准，遵守劳动纪律	20				
6	现场 7S	是否做到	10				
	总分				100		
	教师签名					总计	

知识点总结

1. 电控发动机由空气供给系统、燃油供给系统和电控系统三个部分组成。

2. 电控系统由传感器、电控单元和执行器等组成。

3. 发动机电控系统中使用的传感器有空气流量传感器、进气管绝对压力传感器、节气门位置传感器、凸轮轴位置传感器、曲轴位置传感器、进气温度传感器、冷却液温度传感器、氧传感器和爆燃传感器等。

4. 主要的执行器有燃油泵、喷油器、点火器和怠速控制阀等。

课后习题

一、判断题

1. 喷油器是电控发动机燃油喷射系统中的重要执行器。（　　）

2. 电控燃油喷射装置由传感器、电控单元和执行机构组成。（　　）

3. L 型喷射系统中空气流量传感器与节气门体是组合成一体的。（　　）

4. 在单点喷射系统中，燃油被喷入进气道中。（　　）

二、选择题

1. 汽车电控系统主要由（　　）三类器件组成。

A. 燃油供给装置、空气供给装置、电控系统

B. 油路、电路、气路

C. 传感器、电控单元、执行器

D. 零件、部件、总成

2. 在汽油机电控燃油喷射系统中，依靠（　　）使燃油供给系统建立起燃油压力。

A. 电动汽油泵　　　B. 缓冲器　　　C. 油压调节器　　　D. 喷油器

3. 发动机电控系统电路的一般检查作业包括检查插接器、传感器、（　　）、控制器以及配线之间有无断路、短路情况。

A. 电阻器　　　B. 电容器　　　C. 集成电路　　　D. 执行器

4. 采用电控单元对发动机燃油喷射系统进行控制，已成为发动机（　　）控制的最佳方法。

A. 空气进气量　　　B. 空燃比　　　C. 进油量　　　D. 喷油器

5. 下面（　　）是属于自发电型的传感器。

A. 氧化锆型氧传感器　　　　　　　　B. 节气门位置传感器

C. 霍尔式曲轴位置传感器　　　　　　D. 空气流量传感器

6. 单点喷射系统采用下列（　　）方式。

A. 同时喷射　　　　B. 分组喷射　　　　C. 顺序喷射　　　　D. 上述都不对

7. 对喷油量起决定性作用的是（　　）。

A. 空气流量传感器　　　　　　　　　B. 冷却液温度传感器

C. 氧传感器　　　　　　　　　　　　D. 节气门位置传感器

任务四　　汽车底盘的认知

任务引入

本任务主要介绍汽车底盘的组成，通过学习本任务，能准确叙述汽车底盘四大系统的作用及主要零部件的功能，并对照汽车实物描述汽车的行驶原理。

任务目标

知识目标	技能目标	素养目标
1. 掌握汽车底盘的组成及底盘四大系统的作用 2. 掌握底盘四大系统的结构	1. 能对照汽车实物描述底盘四大系统的组成及位置 2. 能对照汽车实物准确地描述汽车的行驶原理	1. 养成团结协作的团队意识 2. 养成自主学习习惯、规范操作的工作作风及环保意识

知识链接

汽车底盘的主要功能是支承、安装汽车发动机及其各部件、总成，形成汽车的整体造型，并接收发动机的动力，使汽车产生运动，保证汽车正常行驶。汽车底盘由传动系统、行驶系统、转向系统和制动系统四部分组成，如图 2-4-1 所示。

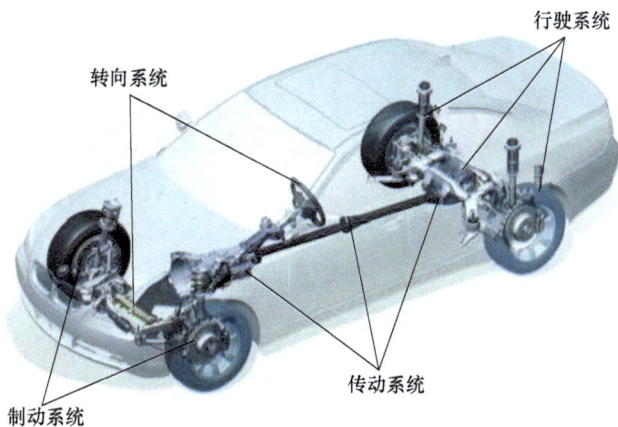

图 2-4-1　汽车底盘四大系统

一、传动系统

传动系统一般由离合器、变速器、万向传动装置、主减速器、差速器和半轴等组成，如图 2-4-2 所示。

汽车发动机所发出的动力靠传动系统传递到驱动车轮。传动系统具有减速、变速、倒车、中断动力、轮间差速和轴间差速等功能，与发动机配合工作，能保证汽车在各种工况条

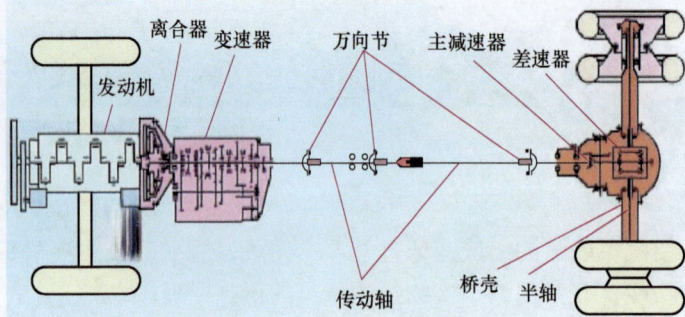

图 2-4-2　传动系统的结构

件下的正常行驶。

传动系统可按能量传递方式的不同，划分为机械传动、液力传动、液压传动和电传动等。

二、行驶系统

行驶系统由汽车的车架、车桥、车轮和悬架等组成，如图 2-4-3 所示。

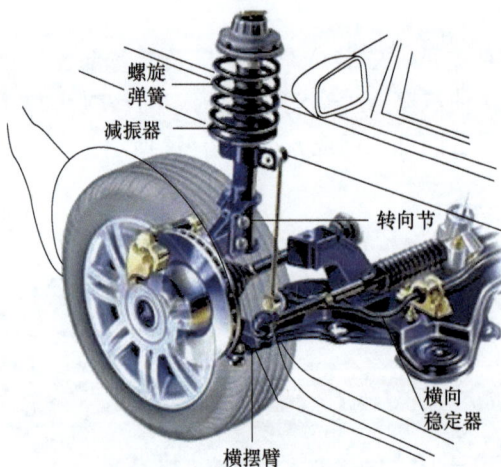

图 2-4-3　行驶系统的结构

行驶系统的功能是接收传动轴的动力，通过驱动轮与路面的作用产生牵引力，使汽车正常行驶；承受汽车的总重量和地面的反力；缓和不平路面对车身造成的冲击，衰减汽车行驶中的振动，保持行驶的平顺性；与转向系统配合，保证汽车操纵稳定性。

汽车行驶系统的基本类型主要有轮式、履带式、半履带式、车轮-履带式和水陆两用汽车等形式。

三、转向系统

如图 2-4-4 所示，转向系统由转向操纵机构、转向器和转向传动机构三大部分组成。

汽车转向系统的功能是按照驾驶人的意愿控制汽车的行驶方向。

图 2-4-4　转向系统的结构

汽车转向系统分为机械转向系统和动力转向系统两大类。完全靠驾驶人手力操纵的转向系统称为机械转向系统；借助动力来操纵的转向系统称为动力转向系统，动力转向系统又可分为液压动力转向系统和电动助力动力转向系统，以及气压动力转向系统。

四、制动系统

如图 2-4-5 所示，制动系统一般由制动操纵机构和制动器组成。

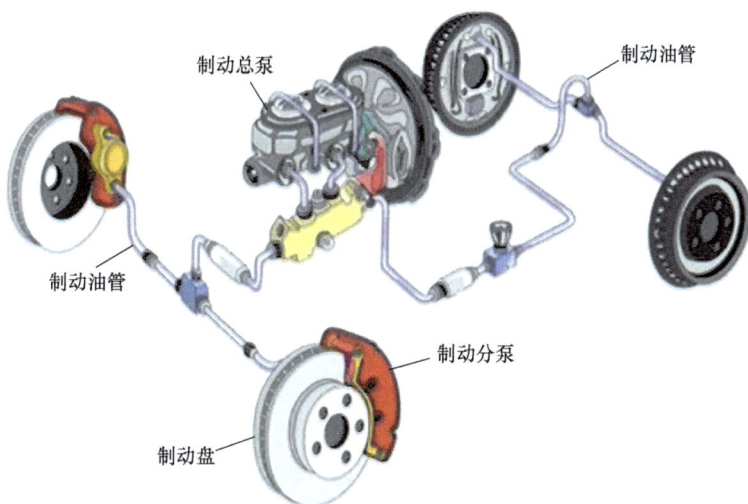

图 2-4-5　制动系统的结构

制动操纵机构的功能是产生制动动作并将制动能量传输到制动器的各个部件；制动器的功能是产生阻碍车辆运动或运动趋势的力，汽车上常用的制动器都是利用固定元件与旋转元件工作表面的摩擦而产生制动力矩，称为摩擦制动器，有鼓式制动器和盘式制动器两种结构形式。

制动系统可分为行车制动系统、驻车制动系统、应急制动系统及辅助制动系统等。

五、汽车传动系统的布置

汽车传动系统的布置形式主要与发动机的位置及汽车的驱动形式有关，常见的布置形式有以下几种：

1. 发动机前置后轮驱动

发动机前置后轮驱动（Front-Engine Rear-Drive，简称 FR）的布置形式如图 2-4-6 所示。这种布置形式是将发动机安置在汽车前部，后轮为驱动轮，发动机发出的动力经过离合器、变速器和传动轴等传动装置传到后驱动轮。目前广泛用在普通货车上，因为货车装载后重心偏向后轮，采用后轮驱动的附着力大，易获得足够的牵引力。

前置 　后驱

图 2-4-6　发动机前置后驱布置形式

2. 发动机前置前轮驱动

发动机前置前轮驱动（Front-Engine Front-Drive，简称 FF）的布置形式如图 2-4-7 所示。这种布置形式是将发动机安置在汽车前部，前轮为驱动轮。由于取消了纵贯前后的传动轴，车身底板高度可以降低，有助于提高汽车高速行驶时的稳定性。整个传动系统集中在汽车前部，因而其传动装置比较简单。目前，在微型和普及型轿车上广泛应用，在中、高级轿车上的应用也日渐增多。

前置

前驱

图 2-4-7　发动机前置前驱布置形式

3. 发动机后置后轮驱动

发动机后置后轮驱动（Rear-Engine Rear-Drive，简称 RR）的布置形式如图 2-4-8 所示。这种布置形式是将发动机安置在汽车后部，后轮为驱动轮，多用在大型客车上。大型客车采用这种布置形式更容易做到汽车总质量在前后车轴之间的合理分配。这种布置形式具有室内噪声小、空间利用率高等优点。但是，在此情况下，发动机冷却条件较差，发动机、变速器、离合器的操纵机构都较复杂。

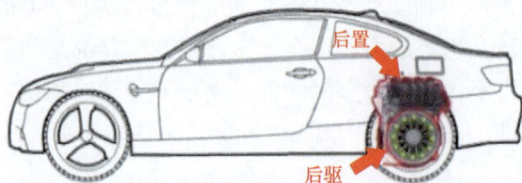

后置

后驱

图 2-4-8　发动机后置后驱布置形式

4. 发动机中置后轮驱动

发动机中置后轮驱动（Middle-Engine Rear-Drive，简称 MR）的布置形式如图 2-4-9 所示。这种布置形式是将发动机安置在驾驶室后面的汽车中部，后轮为驱动轮，有利于实现前、后轴较为理想的轴载分配，是赛车和部分大、中型客车采用的布置形式。

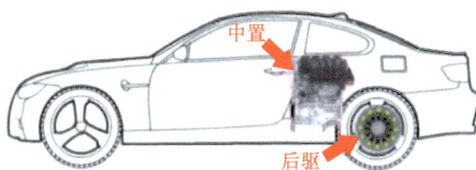

图 2-4-9 发动机中置后驱布置形式

5. 发动机前置四轮驱动

发动机前置四轮驱动（4-Wheel Drive，简称 4WD）的布置形式如图 2-4-10 所示。为了充分利用所有车轮与地面之间的附着条件以获得尽可能大的牵引力，越野汽车采用全轮驱动。为了将发动机传给变速器的动力分配给前、后两驱动桥，在变速器后增设了分动器。

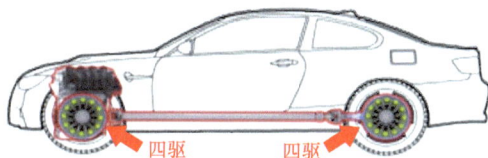

图 2-4-10 发动机前置四驱布置形式

任务实施

任务工单 汽车底盘的认知

姓名		学号		班级	
科目		教师		得分	

一、任务目标

1）能识别底盘各系统的组成及名称。
2）能识别四大系统的位置。
3）能对四大系统的作用组成进行简单描述。

二、任务组织

教师示范讲解实训安全防护的规范和要求，现场演示底盘台架的操作规范，根据任务的引领，给学生布置适量合理的任务。学生按照分组，在工单的指引下进行翻转实训，完成工单任务和考核。

三、实施过程

1. 车辆信息记录

品牌		整车型号		生产日期	
发动机型号		发动机排量		行驶里程	
车辆识别代号					

2. 自主探究

1）根据所学知识，在图 2-4-11 的方格中填写各部件名称。

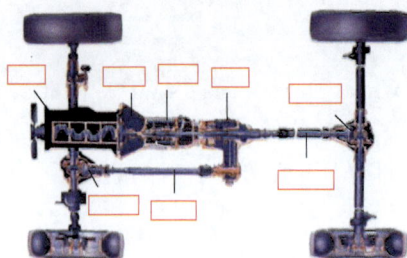

图 2-4-11　传动系统的结构

2）根据所学知识，描述图 2-4-12 所示的各个系统的作用。

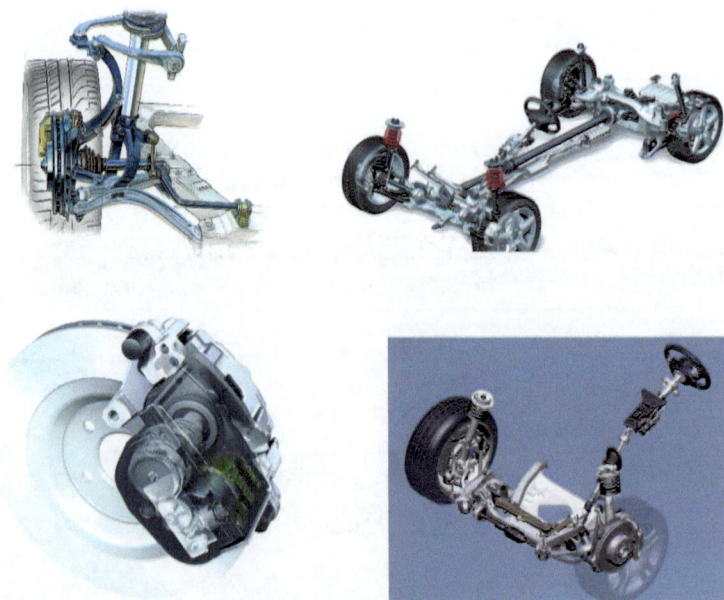

图 2-4-12　汽车四大系统

3. 合作探究

以小组为单位，在车架上指出四大系统，并讨论出各部件的作用。

任务评价

名称		组别		学生姓名		工位号	
		用时				零件号	
序号	考核项目	评分标准	分数	学生自评	小组互评	教师评价	小计
1	团队协作	是否协同有效工作	10				
2	工作态度	是否积极主动追求精益求精	10				
3	任务方案	是否正确、合理	20				
4	任务完成情况	操作方法正确、数据正确记录、分析结果正确	30				
5	安全规范	有无安全隐患，设备、工量具使用规范、标准，遵守劳动纪律	20				
6	现场7S	是否做到	10				
总分			100				
教师签名					总计		

知识点总结

1. 汽车底盘由传动系统、行驶系统、转向系统和制动系统四部分组成。

2. 传动系统一般由离合器、变速器、万向传动装置、主减速器、差速器和半轴等组成。

3. 传动系统具有减速、变速、倒车、中断动力、轮间差速和轴间差速等功用。

4. 行驶系统由汽车的车架、车桥、车轮和悬架等组成。

5. 机械转向系统由转向操纵机构、转向器和转向传动机构三大部分组成。

6. 汽车转向系统的功能是按照驾驶人的意愿控制汽车的行驶方向。

7. 制动系统一般由制动操纵机构和制动器两个主要部分组成。

8. 制动系统的作用是使行驶中的汽车减速甚至停车、使下坡行驶的汽车速度保持稳定、使已停驶的汽车可靠停放。

9. 汽车传动系统的布置形式有前置后驱、前置前驱、后置后驱、中置后驱、四轮驱动等形式。

课后习题

一、填空题

1. 汽车底盘由_____、_____、_____和_____四部分组成。

2. 行驶系统主要由_____、_____、_____和_____等组成。

3. 传动系统主要由_____、_____、_____、_____、_____和_____等组成。

4. 机械转向系统主要由_____、_____和_____三大部分组成。

5. 汽车制动系统主要由_____和_____两大部分组成。

二、判断题

1. 汽车底盘由传动系统、行驶系统、转向系统和制动系统四部分组成。（　　　　）

2. 底盘的作用是支承汽车的重量。（　　　　）

3. 传动系统的作用是变速变矩。（　　　　）

4. 汽车转向系统的作用是按照驾驶人的意愿控制汽车的行驶方向。（　　　　）

5. 制动系统的作用是保证汽车行驶时能减速和停车。（　　　　）

三、选择题

1. 下列不属于汽车四大部分的是（　　　　）。

A. 发动机　　　　　　B. 车窗　　　　　　　C. 车身　　　　　　D. 电器部分

2. 下列不属于底盘的四大组成的是（　　　　）。

A. 转向系统　　　　　B. 传动系统　　　　　C. 制动系统　　　　D. 轮系

3. 下列不属于传动系统的是（　　　　）。

A. 车轮　　　　　　　B. 半轴　　　　　　　C. 差速器　　　　　D. 变速器

4. 按制动能量的传输方式，制动系统可分为（　　　　）。

A. 机械式　　　　　　B. 液压式　　　　　　C. 气压式　　　　　D. 人力式

5. 下列不属于汽车行驶系统作用的是（　　　　）。

A. 承受汽车的总重量　　　　　　　　B. 接收传动轴的动力

C. 中断汽车动力　　　　　　　　　　D. 缓和路面冲击

任务五　汽车电气系统的认知

任务引入

随着汽车技术的发展，汽车正向着安全、环保和智能化方向发展，而汽车电气技术的发展起着至关重要的作用。汽车电气技术的发展又主要是汽车电子技术的发展。今后汽车电子技术发展的主攻方向是不断地提高排放的标准；不断地降低燃油消耗；不断地提高安全性；不断地提高舒适性，把汽车和外部交通环境结合起来考虑，进一步节能减排，为国家绿色低碳的战略做出贡献。

任务目标

知识目标	技能目标	素养目标
1. 了解汽车电气系统的组成 2. 熟悉各系统的作用与关系	1. 会对电气系统的部件进行分类 2. 能正确使用和操作灯光、空调等电气设备	1. 提升安全规范的职业素养 2. 培养团结协作、精益求精的工匠精神

知识链接

汽车电气设备作为汽车四大组成部分之一，在汽车上所占比例已越来越大。汽车的电气设备种类和数量繁多，其主要由电源、用电设备和配电装置组成。

一、电源

电源的主要作用是给汽车各用电设备提供低压直流电能。传统汽车电源系统一般有蓄电池和发电机两个电源（图2-5-1），发电机为主电源，供电电压常为12V，两个电源配合使用，确保汽车的正常行驶。汽车起动时，蓄电池向起动机和点火系统供电；发电机不发电或电压较低时蓄电池向用电设备供电；发电机超载时，蓄电池协助供电；发电机端电压高于蓄电池电压时，蓄电池将发电机的电能转变为化学能储存起来；蓄电池还能够吸收发电机和电路中形成的过电压，从而保护电路和用电设备。

二、用电设备

1. 起动系统

起动系统包括起动机及其控制装置（图2-5-2），其作用是用于起动发动机。汽车起动系统是给内燃机曲轴提供起动转矩，使曲轴达到最低的起动转速，从而进入自行运转状态。一般用电动机作为机械动力，当电动机轴上的齿轮与发动机飞轮周缘的齿圈啮合时，动力就传到飞轮和曲轴，使之旋转。汽车发动机的起动方式有多种，电动机起动系统操作简便，起动迅速可靠、重复起动力强，在汽车中应用广泛。

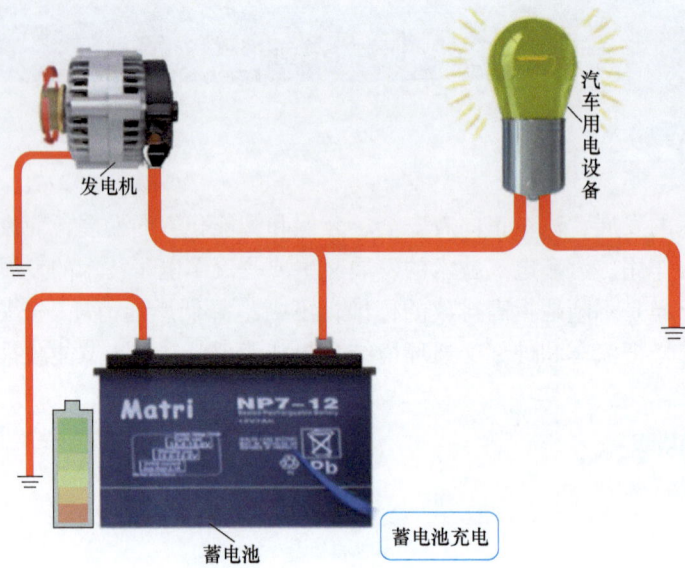

图 2-5-1 电源系统的组成

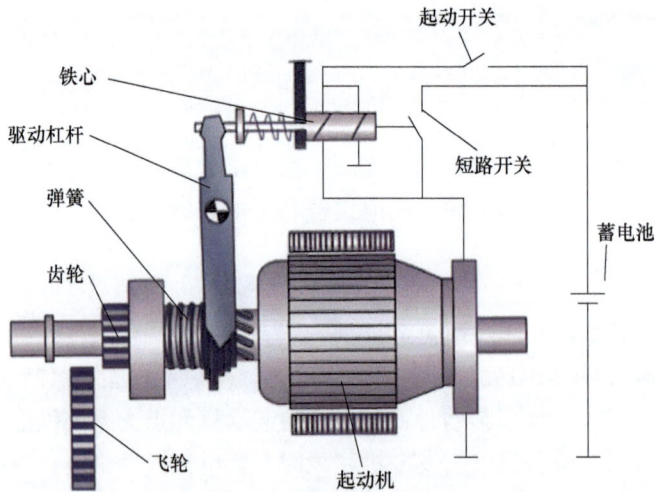

图 2-5-2 起动系统的结构

2. 点火系统

点火系统是将蓄电池或发电机提供的低压电变为高压电，按照发动机的工作顺序和点火时间的要求，适时、准确地将高压电分配给各缸火花塞，使之跳火，点燃气缸内的可燃混合气，如图 2-5-3 所示。汽车点火系统性能好坏对发动机的动力性、经济性、起动性能和排放等均有一定的影响。汽车点火系统主要以微机控制电子点火系统（图 2-5-4）为主，微机控制电子点火系统可控制并维持发动机点火提前角在最佳范围内，使汽油机的点火时刻更接近于理想状态。

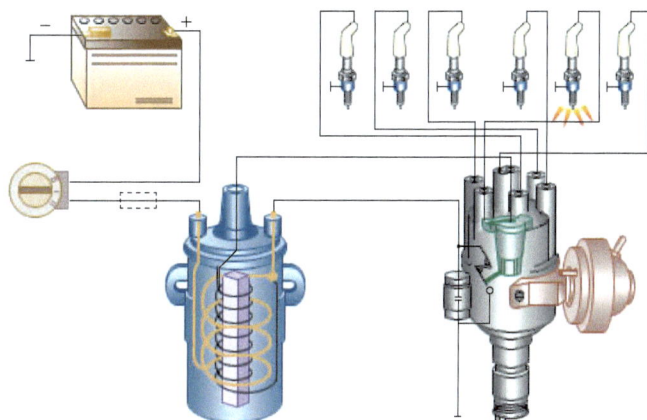

图 2-5-3 传统点火系统

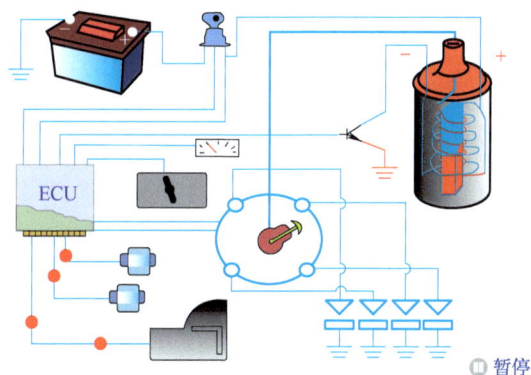

◉暂停

图 2-5-4 微机控制电子点火系统

3. 照明与信号系统

照明与信号系统包括声、光信号及各种行车信号标志灯，用来保证车辆运行时的人车安全，如图 2-5-5 所示。汽车照明与信号系统能够让驾驶人及时了解汽车各个主要系统的工作状况，引起车外行人及车辆驾驶人的注意，保证汽车行驶的安全性，减少交通事故和机械事故的发生。按其安装位置和用途不同可分为外部照明装置、内部照明装置、灯光信号装置和声响信号。车外照明包含前照灯、雾灯等，车内照明包含顶灯、仪表照明灯、阅读灯，信号灯包含转向灯、制动灯、倒车灯。

汽车的照明系统朝着自动化和智能化的方向发展。智能照明系统也叫作自适应前照灯系统，简称 AFS（Adaptive Front Lighting System）。汽车自适应前照灯会使前照灯的光照射线随车辆行进方向进行水平方向偏转，并根据车辆的俯仰进行垂直方向的调整，为驾驶人在路口、弯道及颠簸不平的路面提供最佳的照明效果。AFS 有六种不同的照明模式，即默认照明模式、高速公路照明模式、乡村照明模式、城市照明模式、弯道照明模式和恶劣天气照明模式，在这六种工作模式中提供最优最科学的照明方式，从而提高夜间行车的安全性。

图 2-5-5 照明与信号系统

4. 仪表与警报

仪表的作用是监测汽车的运行状况，显示汽车的运行参数，使驾驶人随时观察与掌握汽车各系统工作状态的相关信息。仪表主要有机油压力表、冷却液温度表、燃油表、车速及里程表、发动机转速表等，如图 2-5-6 所示。组合仪表逐渐成为汽车仪表发展的主流，它相对于传统仪表具有易于辨认、精确度高、可靠性好及显示模式的自由化等特点，能够利用各种传感器传来的信号并根据这些信号进行计算，以确定车辆的行驶速度、发动机速度、发动机冷却液温度、燃油量及车辆其他情况的测量数据，并将这些数据以指针、数字或图形式显示出来。为了保证行车安全，在汽车上还设置了相应的警报装置，当被监测的系统不正常时，相应警告灯发亮提醒驾驶人注意。如机油压力警告灯、车门未关好警告灯、制动液压不足警告灯、燃油不足警告灯、发动机故障警告灯、变速器故障警告灯、制动系统故障警告灯、座椅安全带未系警告灯等。

图 2-5-6 仪表系统

5. 辅助电气系统

舒适与安全辅助系统也称为辅助电气系统，包括风窗刮水洗涤装置、电动车窗、电动后视镜、电动座椅、中央门锁防盗、巡航控制系统、安全气囊等。汽车辅助电气系统主要用以提高汽车的安全性和舒适性。随着人们对汽车使用性能要求的不断提高，辅助电器的种类越来越多，越来越智能。空调系统的结构如图 2-5-7 所示。

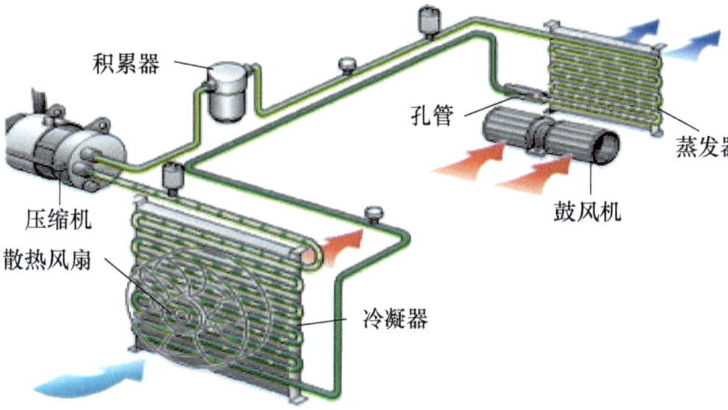

图 2-5-7 空调系统的结构

三、配电装置

配电装置包括配电单元、接线盒、开关、继电器和熔丝等部件，主要起电路控制和保护作用。中央配电盒（图 2-5-8）通常包含多种继电器和安全装置，主接线盒是汽车电气系统的核心部件，它负责整个电气系统的配电，将电气设备与电源连接，并保护电气设备不因过电流或短路而损坏。分接线盒用于分配电路的电流，连接设备与电源。断路器防止电气系统因过负荷而损坏。熔丝利用其熔断特性保护汽车电气系统和设备。熔断器在配电盒内，与继电器、电流传感器等安装在一起。这些配电装置在汽车电气系统中发挥着至关重要的作用，确保电气设备的正常运行和车辆的安全行驶。

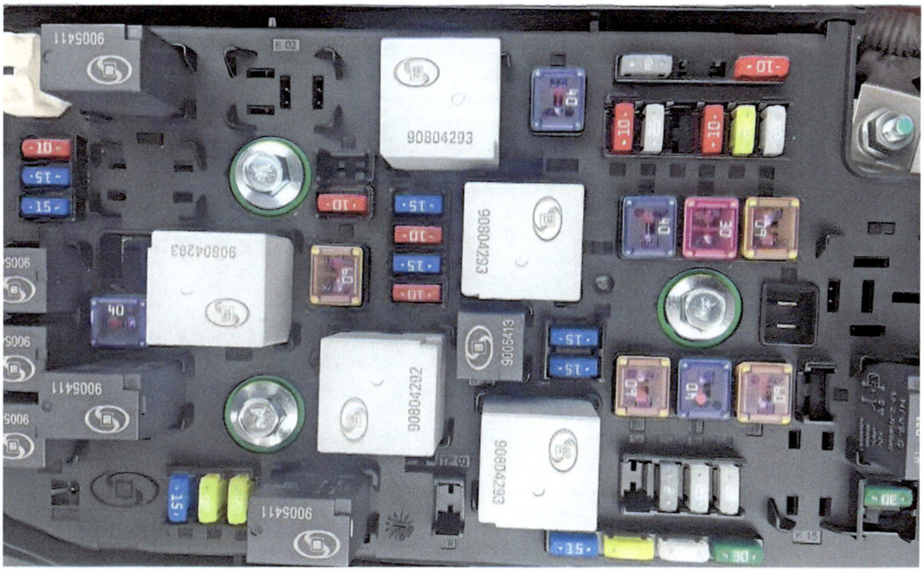

图 2-5-8 汽车中央配电盒

任务实施

任务工单　汽车电气系统的认知

姓名		学号		班级	
科目		教师		得分	

一、任务目标

1）能对车辆实施安全防护。
2）能识别蓄电池、发电机、起动机，并找出其位置。
3）会正确测量并记录蓄电池静态电压和发电机输出电压。
4）会正确使用汽车空调、灯光、刮水器等用电设备。
5）能正确识别仪表的指示灯。

二、任务组织

教师示范讲解车辆安全防护的规范和要求，现场示范车辆起动过程，开启前后灯光、空调、刮水器等电气设备。学生按照分组，在工单的指引下进行翻转实训，完成工单任务和考核。

三、实施过程

任务工单记录表

1. 车辆信息记录

品牌		整车型号		生产日期	
发动机型号		发动机排量		行驶里程	
车辆识别代号					

2. 充电系统性能检测

序号	检测项目	检测数据	检测结果
1	蓄电池静态电压		正常□　异常□
2	怠速时蓄电池电压		正常□　异常□
3	高转速时蓄电池电压		正常□　异常□

3. 灯光使用

操作项目	操作结果	操作项目	操作结果
左前近光灯	正常□　异常□	左前远光灯	正常□　异常□
右前近光灯	正常□　异常□	右前远光灯	正常□　异常□

（续）

操作项目	操作结果	操作项目	操作结果
倒车灯	正常☐ 异常☐	右侧转向灯	正常☐ 异常☐
后雾灯	正常☐ 异常☐	制动灯	正常☐ 异常☐
左侧转向灯	正常☐ 异常☐	日间行车灯	正常☐ 异常☐

4. 刮水器使用与仪表灯识别

操作项目	操作结果	操作项目	操作结果
低速刮水情况	正常☐ 异常☐	高速刮水情况	正常☐ 异常☐
洗涤喷水宽度	正常☐ 异常☐	回位功能	正常☐ 异常☐
机油警告灯	正常☐ 异常☐	充电指示灯	正常☐ 异常☐
发动机故障灯	正常☐ 异常☐	燃油指示灯	正常☐ 异常☐
车门指示灯	正常☐ 异常☐	安全带指示灯	正常☐ 异常☐
近光灯指示灯	正常☐ 异常☐	远光灯指示灯	正常☐ 异常☐
示宽灯指示灯	正常☐ 异常☐	前雾灯指示灯	正常☐ 异常☐
汽车空调制冷	正常☐ 异常☐	发动机故障警告灯	正常☐ 异常☐

任务评价

名称		组别			学生姓名		工位号	
		用时					零件号	
序号	考核项目	评分标准	分数	学生自评	小组互评	教师评价	小计	
1	团队协作	是否协同有效工作	10					
2	工作态度	是否积极主动追求精益求精	10					
3	任务方案	是否正确、合理	20					
4	任务完成情况	操作方法正确、数据正确记录、分析结果正确	30					
5	安全规范	有无安全隐患，设备、工量具使用规范、标准，遵守劳动纪律	20					
6	现场7S	是否做到	10					
总分			100					
教师签名					总计			

知识点总结

1. 汽车电源系统一般由蓄电池、发电机、调节器、电源状态指示装置及继电器等组成，其作用是向全车用电设备提供低压直流电。其中，发电机为主电源，蓄电池为辅助电源。

2. 汽车起动系统主要由起动蓄电池、点火开关、起动继电器和起动机等部件组成。

3. 点火系统是将蓄电池或发电机提供的低压电变为高压电，按照发动机的工作顺序和点火时间的要求，适时、准确地将高压电分配给各缸火花塞，使之跳火，点燃气缸内的可燃混合气。

4. 汽车照明系统中前部灯光的颜色是白色，后部制动灯的颜色为红色，雾灯为黄色。

5. 汽车仪表指示灯一般有三种颜色，其中，红色为严重故障，应立即停车检修，黄色为警报，绿色为指示。其中，发动机故障警告灯为黄颜色，冷却液温度警告灯和油压警告灯为红颜色。

6. 汽车空调可以实现制冷和制热、除雾、通风等功能，开启制冷模式时必须打开 A/C 开关。

任务拓展

通过智慧职教平台，自学新能源汽车概论课程，找出新能源汽车的电气系统与传统汽车电气系统的不同之处。思考检查灯光时，为何要起动车辆？

课后习题

一、判断题

1. 汽车在正常运行时，向用电器供电的是发电机。（　　　）

2. 汽车上用的电和日常生活上用的电是一样的，都是交流电。（　　　）

3. 刮水器开关置于间歇位时，刮水电机以慢速工作模式间歇刮水。（　　　）

4. 从交流发电机在汽车上的实际功用来说，它是汽车上的电源。（　　　）

5. 充电指示灯亮就表示起动蓄电池处于放电状态。（　　　）

二、选择题

1. 关于汽车电路特点说法正确的是（　　　）。

A. 蓄电池和发电机并联　　　　　　B. 低压交流

C. 正极搭铁　　　　　　　　　　　D. 并联多线

2. 前转向灯的光色一般为（　　　）。

A. 白色　　　　　B. 红色　　　　　C. 橙色　　　　　D. 绿色

3. 小型乘用车的电气设备额定电压为（　　　）V。

A. 6　　　　　　B. 12　　　　　　C. 24　　　　　　D. 36

任务六　汽车车身的认知

任务引入

　　汽车车身为驾乘人员提供乘坐的空间，给驾驶人提供良好的操作条件，给乘客提供舒适的乘坐环境，能够抵御汽车行驶时的振动、噪声、废气的侵袭以及外界恶劣气候的影响。

　　汽车车身应当具有合理的形状，在汽车行驶时能有效地引导周围的气流，减小阻力，以提高汽车的动力性和燃油经济性；汽车车身还应具有足够的刚度，在交通事故中，为驾乘人员提供一定的安全保障。

任务目标

知识目标	技能目标	素养目标
1. 了解不同类型汽车车身的特点 2. 掌握汽车车身的组成	1. 能够分辨实际汽车车身的类型 2. 能够识别汽车车身的组件	1. 养成团结协作的团队意识 2. 养成自主学习习惯、规范操作的工作作风及环保意识

知识链接

一、汽车车身及其附件

　　车身包括白车身及其附件。白车身通常指已经焊好但尚未喷漆的白皮车身，此处主要用来表示车身结构件和覆盖件的焊接总成，此外，也包括前、后板制件与车门，但不包括车身附属设备及装饰件等。

　　车身覆盖件指覆盖车身内部结构的表面板件，车身结构件则指支承覆盖件的全部车身结构零件的总称。车身结构件和覆盖件焊接在一起为车身焊接总成，该总成必须保证车身的强度和刚度。

　　汽车车身（图2-6-1）主要包括车身壳体、车门车窗、车前板制件、车身内外装饰件、车身附件、座椅以及通风、暖气、冷气、空气调节装置等。

二、汽车车身类型

　　汽车车身从结构形式上说，主要分为非承载式和承载式两种。

1. 非承载式车身

　　非承载式车身的汽车有刚性车架，又称为底盘大梁架（图2-6-2）。车身本体悬置于车架上，用弹性元件连接。车架的振动通过弹性元件传到车身上，大部分振动被减弱或消除，发生碰撞时车架能吸收大部分冲击力，在非铺装路面行驶时对车身起到保护作用。因此，车厢变形小，平稳性和安全性好，而且厢内噪声小。

图 2-6-1　汽车车身的结构

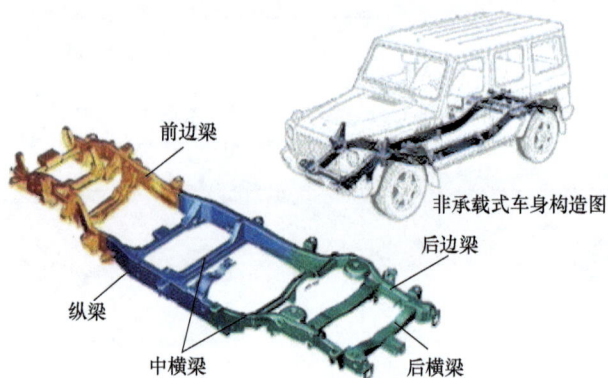

图 2-6-2　非承载式车身

但这种非承载式车身比较笨重，质量大，汽车质心高，高速行驶稳定性较差。

2. 承载式车身

承载式车身的汽车没有刚性车架，只是加强了车头、侧围、车尾、底板等部位，车身和底架共同组成了车身本体的刚性空间结构（图2-6-3）。这种承载式车身除了其固有的乘载功

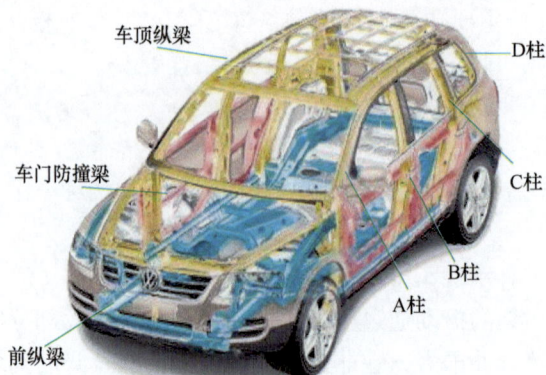

图 2-6-3　承载式车身

能外，还要直接承受各种负荷。这种形式的车身具有较大的抗弯曲和抗扭转的刚度，质量小，高度低，汽车质心低，装配简单，高速行驶稳定性较好。

但由于道路负载会通过悬架装置直接传给车身本体，因此，噪声和振动较大。

三、汽车车身与安全

1. 安全带

安全带是最有效的防护装置，可以大幅度地降低碰撞事故造成的伤亡，这一点已被大量使用实践所证明。安全带的基本类型有腰带、肩带、腰肩带和全背带四种。

腰带又称为两点式安全带，用于限制乘员下躯体向前移动。由于不能保护上躯体和头部，甚至在某些情况下使用腰带的乘员比不使用腰带的乘员受伤程度更严重。因此，现在已较少使用。

肩带又称为斜式安全带，用于限制乘员上躯体过度向前倾斜，目前应用较普遍。

腰肩带又称为三点式安全带（图2-6-4），既可限制乘员下躯体向前移动，又可限制乘员上躯体过度前倾，使用效果最好，是前座乘员的主要约束形式。

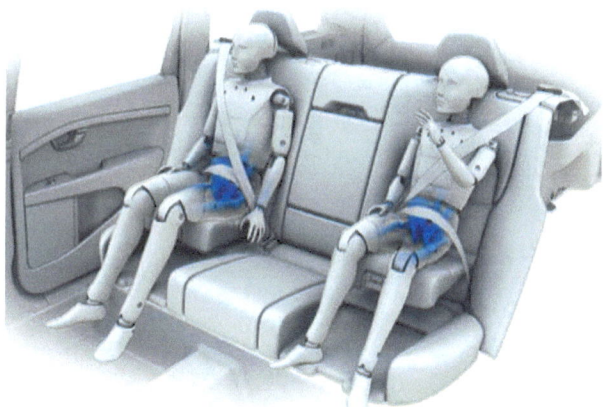

图 2-6-4　汽车三点式安全带

全背带又称为四点式安全带，用于赛车驾驶人的约束或一些特殊场合。

最常用的是三点式安全带。带子由合成纤维织成，包括斜跨前胸的肩带和绕过人体胯部的腰带。在座椅外侧和内侧地板上各有一个固定点，第三个固定点位于座椅外侧车身支柱的上方。带子绕过导向板，并卷在下部的收卷器内。乘员胯部内侧附近有一个插扣，由插板和锁扣两部分组成。将两部分插合后，即可将乘员约束在座椅上。按下锁扣上的红色按钮就能解除约束。紧急锁止式收卷器在正常情况下，对人体上部不起约束作用。当乘员向前弯腰时，带子可从收卷器里拉出；而当乘员恢复正常坐姿时，收卷器又会自动把多余的带子卷起，使带子随时保持与人体贴合。但在紧急情况下，如汽车减速度超过预定数值或车身严重倾斜时，收卷器会将带子卡住而对乘员产生有效的约束。

2. 安全气囊

安全气囊（图2-6-5）系统是汽车安全带的辅助装置，只有在使用安全带的条件下，安全气囊系统才能充分发挥保护驾驶人和乘员的作用。安全气囊位于转向盘毂内或仪表板内，碰撞发生时，安全气囊系统迅速反应，在极短时间内展开并充起一个很大的气囊，犹如缓冲垫填在驾驶人与转向盘之间，从而减轻驾驶人（或乘员）头部及胸部的伤害。

图 2-6-5 汽车安全气囊

任务实施

任务工单　汽车车身的认知

姓名		学号		班级	
科目		教师		得分	

一、器材准备

别克实训车、世达 150 件套、防护三件套、手电筒、抹布等。

二、实施步骤

1）认知车身壳体。
2）认知车门等部件。
3）认知车前板制件。
4）认知车身内部饰件。
5）认知车身外部饰件。
6）认知车身附件。

三、填写工单

项目	内容	认知	不认知
车壳	纵梁、横梁		
	立柱		

（续）

项目	内容	认知	不认知
车门	门体		
	内饰盖板、车门附件		
车前板制件	发动机舱盖、散热器		
	翼子板、挡泥板		
车身内部饰件	仪表板		
	座椅		
车身外饰件	装饰条、车轮装饰罩		
	标志、浮雕和文字		
车身附件	门锁、门铰链、玻璃升降器、风窗刮水器、风窗洗涤器、遮阳板、后视镜、扶手、点烟器、烟灰盒		
	鼓风机风速调节、空调温度调节、出风模式调节、收音机、A/C开关		

任务评价

名称		组别		学生姓名		工位号	
		用时				零件号	
序号	考核项目	评分标准	分数	学生自评	小组互评	教师评价	小计
1	团队协作	是否协同有效工作	10				
2	工作态度	是否积极主动追求精益求精	10				
3	任务方案	是否正确、合理	20				
4	任务完成情况	操作方法正确、数据正确记录、分析结果正确	30				
5	安全规范	有无安全隐患、设备、工量具使用规范、标准，遵守劳动纪律	20				
6	现场7S	是否做到	10				
总分			100				
教师签名				总计			

知识点总结

1. 非承载式车身的汽车有刚性车架，又称为底盘大梁架。

2. 承载式车身的汽车没有刚性车架，只是加强了车头、侧围、车尾、底板等部位，车身和底架共同组成了车身本体的刚性空间结构。

3. 车身结构件和覆盖件焊接在一起为车身焊接总成。

4. 安全带是最有效的防护装置，可以大幅度地降低碰撞事故造成的伤亡，这一点已被大量使用实践所证明。

5. 安全气囊系统是汽车安全带的辅助装置，只有在使用安全带的条件下，安全气囊系统才能充分发挥保护驾驶人和乘员的作用。

课后习题

一、选择题

1. 以下全部属于车内照明灯的是（　　　　）。

A. 仪表灯、阅读灯、顶灯　　　　　　　　B. 前小灯、后灯、雾灯

C. 行李舱灯、顶灯、阅读灯　　　　　　　D. 仪表灯、发动机舱盖灯、顶灯

2. 制动灯安装在汽车尾部，是车辆重要的外在安全标志，其光色为（　　　　）色。

A. 黄　　　　　　　B. 绿　　　　　　　C. 白　　　　　　　D. 红

3. 汽车耗油量最少的行驶速度是（　　　　）。

A. 低速　　　　　　B. 中速　　　　　　C. 全速　　　　　　D. 超速

4. 下列（　　　　）是被动安全系统配置。

A. 安全带　　　　　　　　　　　　　　　B. 安全气囊

C. 电控动力转向系统　　　　　　　　　　D. 吸能防伤转向机构

5. 20世纪70年代以后汽车技术的发展方向是（　　　　）。

A. 高速+舒适　　　B. 安全+高速　　　C. 安全+降低排放　　　D. 舒适+安全

二、判断题

1. 非承载式的车身用弹性元件与车架相连，车身大的不承受载荷。（　　　　）

2. 车身结构主要分为车架式和整体式两种。（　　　　）

3. 整体式车身的门槛板是车身上的装饰件。（　　　　）

4. 车架是汽车的基础，车身和主要部件都焊接在车架上。（　　　　）

项目三

新能源汽车结构认知

➡ 【项目概述】

近年来，我国新能源汽车技术取得了较大进步，一大批自主品牌的车企迅速崛起，为中国的新能源汽车在国际市场抢占了一席之地。这些自主品牌的车企突破技术封锁，取得了一系列的成果：整车的续驶里程提升明显，百公里电耗下降显著；电池技术水平持续提升，处于全球第一阵营；驱动电机基本完成国产替代，集驱动电机、电机控制器、减速器三合一的动力总成产品引领未来发展趋势；电控的核心器件 IGBT 已实现国产。

本项目主要介绍新能源汽车的基础知识。学习本项目，学生将会了解新能源汽车电控系统、动力蓄电池及充电系统、驱动电机系统的基础知识，能进行新能源汽车高压安全与防护操作，养成安全规范意识。

任务一 新能源汽车高压安全与防护的认知

任务引入

不同于传统汽车的低压系统，新能源汽车上有高压系统，存在用电安全隐患。本任务主要介绍新能源汽车高压系统的安全与防护。

任务目标

知识目标	技能目标	素养目标
1. 认知高压电的危害 2. 知道电流对人体造成伤害的原因 3. 掌握高压安全防护的基本知识	1. 能识别安全标志 2. 会进行安全防护的操作	1. 提升安全规范的职业素养 2. 培养团结协作、精益求精的工匠精神

知识链接

一、高压电的危害与预防

1. 电压等级与分类

依据国家标准 GB 18384—2020《电动汽车安全要求》要求，考虑到空气的湿度和人体在不同工作环境下的电阻，根据不同电压等级可能对人体产生的伤害和危险程度不同，在新能源汽车中将电压按照类型和数值分为两个级别，见表 3-1-1。

表 3-1-1　电压等级分类

电压安全级别	最大工作电压/V	
	DC（直流）	AC（交流）
A	$0 < U \leqslant 60$	$0 < U \leqslant 30$
B	$60 < U \leqslant 1500$	$30 < U \leqslant 100$

A 级是较为安全的电压等级，直流电最大工作电压应小于或等于 60V，交流电最大工作电压应低于 30V，该电压下的维护人员不需要采取特殊的防电保护。B 级对人体会产生伤害，被认为是高压。

新能源汽车电压通常为 300~600V，有的纯电动车电压甚至接近 800V。在电动汽车上带有高压电的零部件有动力蓄电池、驱动电机高压配电箱（PDU）、电动压缩机、DC/DC 变换器、车载充电机（OBC）、PTC 加热器和高压线束等，这些部件组成了整车的高压系统，如图 3-1-1 所示。新能源汽车既有直流高压，又有交流高压。直流高压主要分布在动力蓄电池到各个驱动部件之间的位置。

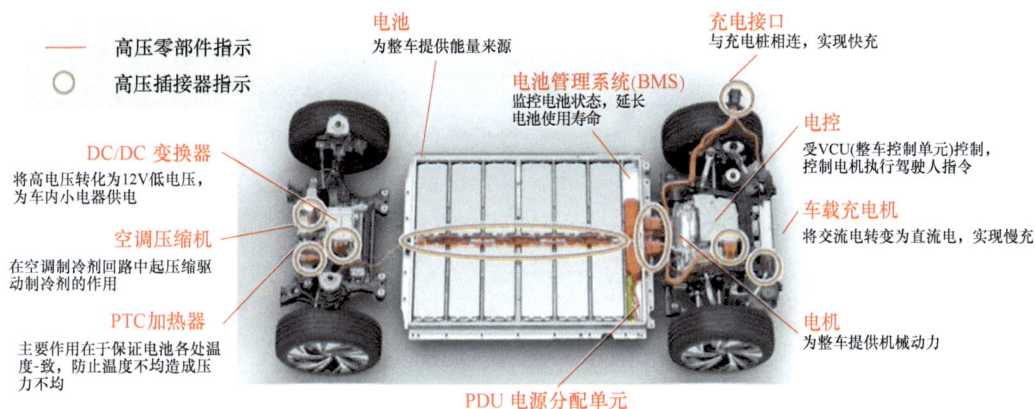

图 3-1-1　电动汽车的组成

高压零部件指示

高压插接器指示

DC/DC 变换器
将高电压转化为12V低电压，为车内小电器供电

空调压缩机
在空调制冷剂回路中起压缩驱动制冷剂的作用

PTC加热器
主要作用在于保证电池各处温度一致，防止温度不均造成压力不均

电池
为整车提供能量来源

电池管理系统(BMS)
监控电池状态，延长电池使用寿命

PDU 电源分配单元

充电接口
与充电桩相连，实现快充

电控
受VCU(整车控制单元)控制，控制电机执行驾驶人指令

车载充电机
将交流电转变为直流电，实现慢充

电机
为整车提供机械动力

2. 电流对人体的伤害原理

由于人体是导体，人体不同部位接触电路时电阻不同，通过人体的电流也不同。人体电阻越小，流过身体的电流越大，伤害程度越严重；人体电阻越大，流过身体的电流越小，伤害程度越轻。根据电流大小，可分为感知电流、摆脱电流、最大忍受电流、致命电流四个等级，见表3-1-2。

表 3-1-2　电流等级分类　（单位：mA）

电流类型	直流（DC）	交流（AC）
感知电流	2	0.5
摆脱电流	50	10
最大忍受电流	80	30
致命电流	300	50

人体的电流超过感知电流时表现为肌肉收缩加剧，刺痛感觉增强，电流增大到一定程度时，肌肉收缩，发生痉挛。达到摆脱电流后会感到异常痛苦、恐慌并难以忍受，时间过长则可能导致昏迷、窒息，甚至死亡，见表3-1-3。

表 3-1-3　人体流过不同电流对身体的伤害

电流值	人体感觉
0.6~1.5mA	手指开始发麻
2~3mA	手指强烈发麻
5~7mA	手指肌肉开始痉挛，有灼热和刺痛感
8~10mA	手指关节与手掌疼痛，并可以艰难地脱离电源，灼热感增加
20~25mA	手指剧痛，迅速麻痹，不能摆脱电源，呼吸困难，灼热增加，手部肌肉开始痉挛
50~80mA	呼吸麻痹，心室开始震颤、强烈灼痛，手部肌肉痉挛，呼吸困难
90~100mA	呼吸麻痹，持续3s或更长时间后，心脏麻痹或心脏停止跳动

电流对人体造成的伤害程度与个体的体质、电流的大小、持续时间、电流流过人体的路径有关。电流持续时间越长，中枢神经反射越强烈，电击危险性越大。电流通过心脏会引起

心室纤维性颤动乃至心脏停止跳动而导致死亡。电流通过中枢神经及有关部位，会引起中枢神经强烈失调而导致死亡。电流通过头部，会使人昏迷，严重损伤大脑，进而导致死亡。电流通过脊髓会使人截瘫。实践证明，左手至前胸是最危险的电流途径，此外，右手至前胸、单手至单脚、单手至双脚、双手至双脚等也是很危险的电流途径，电流从左脚至右脚这一电流路径危险性小，但人体可能因痉挛而摔倒，导致电流通过全身或发生二次事故而产生严重后果。

3. 电流对人体的伤害形式

触电是电流通过人体造成的事故，电流对人体的伤害分为电击和电伤。电伤是电流转换成热能、机械能等其他形式的能量作用于人体造成的伤害。它是由于电流的热效应、化学效应、机械效应及电流本身的作用，使熔化和蒸发的金属微粒侵入人体，皮肤局部受到灼伤、烙伤和皮肤金属化的损伤，严重的也能致人死亡。电击是电流直接通过人体造成的伤害，电流通过人体，使内部组织受到损伤，这种伤害会造成全身发热、发麻、肌肉抽搐、神经麻痹，引起室颤、昏迷，以致呼吸、心跳停止，从而导致死亡。在触电伤亡事故中，大约85%以上的死亡事故是电击造成的，但其中约70%的含有电伤的因素。在高压触电事故中，强电弧或很大的电流导致的烧伤会致人死亡。

人体接触的电压越高，通过人体的电流越大，对人体的伤害越严重。在触电事故统计中，有70%以上是在220V或380V交流电压下触电死亡的。实践表明，36V以下电压，对人体没有严重威胁，通常把36V以下的电压规定为安全电压。

4. 预防触电事故的措施

绝缘、屏护、间距是防止直接接触电击的技术措施，保护搭铁、保护接零、加强绝缘、电气隔离、等电位连接等是防止间接接触电击的技术措施。安全电压和漏电保护是既能防止直接接触电击，又能防止间接接触电击的技术措施。

1）绝缘是用绝缘材料把带电体封闭起来的。瓷、玻璃、云母、橡胶、木材、胶木、塑料、布、纸和矿物油等都是常用的绝缘材料，良好的绝缘能保证人体不致接触带电部分。

2）屏护是指采用遮拦、护罩、护盖、箱匣等把带电体同外界隔绝开，以防止人身触电的措施。对于高压设备，不论是否有绝缘，均应采取屏护或其他防止接近的措施。除防止触电的作用外，有的屏护装置还起到了防止电弧伤人、防止弧光短路或方便检修工作的作用。

3）间距是指保证人体与带电体之间安全的距离。为了避免车辆或其他器具碰撞或过分接近带电体造成事故，在带电体与地面之间，带电体与其他设施和设备之间，带电体与带电体之间均需保证留有一定的安全距离。

二、高压安全标志的识别

高压电安全标志分为禁止类、警告类、准许类和提醒类四种类型，如图3-1-2和图3-1-3所示。

新能源汽车通常采用两种形式进行高电压的标志警示，包括导线颜色和高压警示标志，如图3-1-4所示。在新能源汽车中，高压系统线束和插头均为橙色，如图3-1-5所示。

纯电动汽车的高压组件壳体上都带有一个高压警示标志（图3-1-6），高压警示标志采用黄底色或红底色，图形上布置有高压触电国家标准符号，如图3-1-7所示。

图 3-1-2 禁止标志

| 止步 高压危险 | 当心电缆 | 注意安全 |

图 3-1-3 警告标志

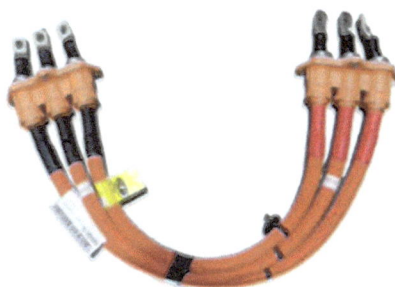

图 3-1-4 高压线

图 3-1-5 高压插头

带有高压警示标志的电气部件

图 3-1-6 高压警示标志

图 3-1-7 带有高压警示标志的高压部件

三、新能源汽车作业人员防护

新能源汽车维修作业所用到的防护用具有绝缘手套、护目镜、安全帽、绝缘鞋、绝缘垫等，如图 3-1-8 所示。

a) 绝缘手套　　b) 护目镜　　c) 安全帽　　d) 绝缘鞋　　e) 维修工服

图 3-1-8　高压安全防护设备

1）绝缘手套是在带电作业时起电气绝缘作用的绝缘工具，它可以使人的两手与带电体绝缘，防止人手同时触及不同电位带电体而触电。国家标准规定，绝缘手套的每只手套上必须有明显且持久的标记，内容包括标记符号、使用电压等级/类别、制造单位或商标、规格型号、周期试验日期栏、检验合格印章、贴有经试验单位定期试验的合格证等信息。绝缘手套的检验每六个月一次，检验标准：高压绝缘手套试验电压是 9kV。佩戴前还要对绝缘手套进行气密性检查，具体方法：将手套从口部向上卷，稍用力将空气压至手掌及指头部分，检查上述部位有无漏气，如漏气则不能使用。使用时应防止尖锐物体刺破手套，使用后注意存放在干燥处，并不得接触油类及腐蚀性药品等。如发现绝缘手套有发黏、裂纹、破口（漏气）、气泡、发脆等损坏时应禁止使用。进行设备验电、放电操作，装拆搭铁线等工作时应戴绝缘手套，使用绝缘手套时应将上衣袖口套入手套筒口内。

2）护目镜是电动汽车维修工作中必不可少的一种防护工具。合适的护目镜可以起到眼部和脸部的防护，以防止电池液的飞溅。高压电动车辆维修用的护目镜应具有侧面防护功能，防止维修过程中产生的电火花对眼睛造成伤害。

3）安全帽作为一种个人头部防护用品，能有效地防止和减轻操作人员在生产作业中遭受坠落物体或自己坠落时对人体头部的伤害，如果佩戴和使用不正确会导致安全帽在受到冲击时起不到防护作用。

4）绝缘鞋的作用是使人体与地面绝缘，防止电流通过人体与大地之间构成通路，对人体造成电击伤害，它还可以防止跨步电压对人体造成的危害。根据耐压范围有 20kV、6kV 和 5kV 几种绝缘鞋，使用时须根据作业电压等级选择合适的绝缘鞋。

维修工服不仅是维修技师所穿的衣服，而且它在给电动汽车操作人员提供安全保障的同时，还能反映员工的精神风貌，体现企业的文化内涵，提升企业形象。

任务实施

任务工单　新能源汽车高压安全与防护

姓名		学号		班级	
科目		教师		得分	

一、任务目标

本任务要求学生熟练掌握绝缘手套、护目镜、安全帽的检查和使用方法。熟悉新能源汽车维修时的工位布置。能识别新能源汽车高压部件与标志，会对车辆实施安全防护，能检查、穿戴个人安全防护用具。

二、任务组织

1. 实施工位隔离操作

检查绝缘垫，设立隔离柱，设置隔离、警示标志，布置警戒线，张贴警示牌。要求现场环境达标，放置高压安全警示牌及隔离带，隔离距离正常，警示标牌清晰。

2. 检查高压安全防护设备

绝缘手套、绝缘鞋、护目镜、安全帽外观及性能检查，正确穿戴个人防护用具。

3. 实施车辆防护

安装车轮挡块，铺设翼子板防护垫、汽车维修三件套、脚垫。车辆防护实施完毕，可以进行任务作业：整车高压断电处理，关闭点火开关，断开辅助蓄电池负极，拆卸检修开关，断开动力蓄电池高低压端口，完成放电处理，并做好绝缘防护等操作。

4. 识别高压部件与安全警告标志

名称	功用	位置
OBC		
MSD		
DC/DC 变换器		
电动压缩机		
PTC 加热器		
快速充电口		
慢充接口		
低压蓄电池		

学生按照分组，在工单的指引下进行翻转实训，完成工单任务和考核。

任务评价

名称		组别			学生姓名		工位号	
		用时					零件号	
序号	考核项目	评分标准	分数	学生自评	小组互评	教师评价	小计	
1	团队协作	是否协同有效工作	10					
2	工作态度	是否积极主动追求精益求精	10					
3	任务方案	是否正确、合理	20					
4	任务完成情况	操作方法正确、数据正确记录、分析结果正确	30					

（续）

序号	考核项目	评分标准	分数	学生自评	小组互评	教师评价	小计
5	安全规范	有无安全隐患，设备、工量具使用规范、标准，遵守劳动纪律	20				
6	现场 7S	是否做到	10				
	总分		100				
	教师签名				总计		

知识点总结

1. A 级电压等级为直流电最高工作电压小于或等于 60V，交流电最高工作电压应低于 30V，不需要采取特殊的防电保护。B 级电压被认为是高压，需要进行安全防护。

2. 高压部件主要包含动力电池包、高压配电箱、车载充电机、驱动电机控制器总成、电动机总成、电动压缩机总成、PTC 加热器、DC/DC 变换器等。

3. 人体电阻越小，流过身体的电流越大，电流对人体的伤害程度越严重；人体电阻越大，流过身体的电流越小，电流对人体的伤害程度越轻。根据电流大小可分为感知电流、摆脱电流和致命电流三个等级。

4. 电流对人体造成的伤害程度与个体的体质、电流的大小、持续时间、电流流过人体的路径有关。

5. 触电事故对人体伤害的形式分为电击和电伤。

6. 高压线束统一标志为橙色，严禁用手直接触摸高压部件，电动汽车的高压部件橙色线束均为高压线。

7. 维修人员必须佩戴必要的安全防护用品。使用前必须检查绝缘手套、绝缘鞋等防护用品，不能带水进行操作，保证内外表面洁净、干燥，确保安全。

课后习题

一、判断题

1. 通常当人体接触到 30V 以上的交流电，或 60V 以上的直流电时，人体就有可能发生触电事故。（　　）

2. 新能源汽车的高电压系统是与车身之间连接的。（　　）

3. 电流对人体的伤害有电击、电伤和电磁场伤害三种形式，以及电击带来的二次伤害。（　　）

4. 电流通过人体的心脏、肺部和中枢神经系统的危险性较大，特别是电流通过心脏时，危险性最大。（　　）

5. 新能源汽车通常采用高压警告标记和高压警告颜色两种形式进行高电压警告。（　　）

6. 新能源汽车高压部件的导线和插接器的颜色没有特殊要求。（　　）

二、选择题

1. 目前，国家标准对安全电压规定是（　　）以下。

A. 直流 60V，交流 36V

B. 直流 36V，交流 60V

C. 直流 60V，交流 30V

D. 直流 30V，交流 60V

2. 国家标准规定电动汽车高压警告标记符号的颜色标准是（　　）。

A. 底色为红色，边框和箭头为黑色

B. 底色为黄色，边框和箭头为红色

C. 底色为黑色，边框和箭头为黄色

D. 底色为黄色，边框和箭头为黑色

3. 以下不属于电动汽车安全防护装备的是（　　）。

A. 绝缘手套　　　　　B. 护目镜　　　　　C. 绝缘鞋　　　　　D. 绝缘测试仪

4. 绝缘拆装工具必须装有耐压（　　）以上的绝缘柄。

A. 220V　　　　　B. 500V　　　　　C. 1000V　　　　　D. 10000V

5. 以下属于电动汽车维修操作人员工作内容的是（　　）。

A. 在维修工位设置高压警告标志

B. 检查并按正确要求穿戴个人安全防护装备

C. 执行高压中止与检验

D. 以上都是

任务二　动力蓄电池及充电系统的认知

任务引入

近年来，我国动力蓄电池技术水平迅速提升，市场规模不断扩大，全产业链协调发展、回收利用体系已初步建立。2022 年，在全球动力蓄电池装机量前 10 名的企业中，中国企业占据六席，合计份额超 60%。宁德时代 2022 年以 37% 的市占率连续 6 年蝉联全球第一。

动力蓄电池是纯电动汽车的能量来源，动力蓄电池的性能在很大程度上决定了车辆的续驶里程。目前，锂离子电池依然是市场主流，而新兴的钠离子电池、液流电池和固态电池在不断地推动着电池技术的发展。

2020 年 3 月 29 日，比亚迪正式发布刀片电池，该电池采用磷酸铁锂技术，将首先应用于"汉"系列车型上。比亚迪汉 EV 搭载容量达 85.4kW·h 磷酸铁锂电池，而特斯拉 Model X 则搭载容量为 100kW·h 的三元锂电池，这两种电池有什么区别，各有哪些优缺点，需要维修人员对动力蓄电池的基础知识有全面的了解。

任务目标

知识目标	技能目标	素养目标
1. 掌握动力蓄电池的定义及对其性能的要求 2. 掌握不同类型动力蓄电池的性能特点 3. 掌握电池单体、电池组及电池模块之间的关系 4. 掌握动力蓄电池基本参数代表的含义 5. 会比较动力蓄电池不同充电方式的特点	1. 会通过网络查找不同车型的动力蓄电池性能参数 2. 会根据动力蓄电池的铭牌参数判断其性能	养成规范操作的意识，树立安全第一的观念

知识链接

在国家标准 GB/T 19596—2017《电动汽车术语》中，动力蓄电池的定义：为电动汽车动力系统提供能量的蓄电池。动力蓄电池安装在电动汽车有限的空间内，其性能的优劣直接决定了电动汽车的续驶里程、加速、爬坡和负载行驶的能力。

一、动力蓄电池的分类

动力蓄电池按工作介质的不同可分为锂离子蓄电池、铅酸蓄电池、金属氢化物镍蓄电池、超级电容器等类型，按封装形式的不同可分为圆柱形电池、方形电池和软包电池三种不同类型，按性能可分为高能量型电池和高功率型电池。不同类型动力蓄电池性能的比较见表 3-2-1。

表 3-2-1　不同类型动力蓄电池性能的比较

电池类型	锂离子蓄电池	铅酸蓄电池	金属氢化物镍蓄电池	超级电容器
充电时间/h	<3	8~17	<6	30~60s
质量能量密度/(W·h/kg)	90~160	30~45	60~80	5
标称电压/V	3~4	2	1.2	灵活
循环寿命	800~1200	400~600	800~1000	10万
成本/(元/W·h)	3~5	1~1.5	3~6	适中
自放电率（月）	6%~9%	0	30%~35%	—
环保性能	无污染	污染严重	环保	环保
代表车型	特斯拉	传统汽车	丰田普锐斯	—

1. 锂离子蓄电池

锂离子蓄电池一般是指锂离子（Li^+）嵌入化合物为正极，以碳材料为负极的二次电池。锂离子蓄电池具有工作电压高、能量密度高、循环使用寿命长等优点，广泛应用在电动汽车中。根据正极材料的不同，锂离子蓄电池主要分为钴酸锂、锰酸锂、磷酸铁锂和三元锂材料等。目前，车用锂电池正极主要选用磷酸铁锂和三元锂两种材料。

（1）磷酸铁锂离子蓄电池　磷酸铁锂离子蓄电池是使用磷酸铁锂（$LiFePO_4$）作为正极材料，碳作为负极材料的锂离子蓄电池，单体额定电压为 3.2V，充电截止电压为 3.6~3.65V。磷酸铁锂离子蓄电池具有工作电压高、能量密度大、循环寿命长、安全性能好、自放电率小、无记忆效应的优点。

（2）三元锂离子蓄电池　三元锂离子蓄电池是"三元聚合物锂离子蓄电池"的简称，是由镍钴锰酸锂或者镍钴铝酸锂作为正极材料的锂离子蓄电池。单体标称电压为 3.6V，充电截止电压为 4.2V。由于三元锂离子蓄电池体积更小、能量密度更大、耐低温，目前正广泛应用于新能源汽车上。

2. 铅酸蓄电池

铅酸蓄电池是正极活性物质使用二氧化铅，负极活性物质使用铅，并以硫酸溶液为电解液的蓄电池。单体额定电压为 2V，充电截止电压为 2.4V。铅酸蓄电池成本低且技术成熟，广泛应用在四轮低速电动车上。

3. 金属氢化物镍蓄电池

金属氢化物镍蓄电池是正极使用镍氧化物，负极使用可吸收释放氢的储氢合金，以氢氧化锂为电解质的蓄电池，属于碱性蓄电池。单体标称电压为 1.2V，具有循环寿命长，可大电流放电，承受过充电、过放电能力强，绿色无污染的特点。

二、动力蓄电池的主要参数

动力蓄电池的主要技术参数有电池电压、电池容量、电池荷电状态、能量、功率等。

1）电池电压：电池两个电极之间的电位差，称为电池的电压，单位为伏特（V）。

2）电池容量：电池在一定放电条件下所能放出的电量，用符号 C 表示，单位为安培·小时（A·h），等于放电电流与放电时间的乘积。电池的容量越大，在放电电流相同的情况下，能够使用的时间就越长。电量（电流乘以时间）本身不是能量，更不是功率，但是再乘以电压后，就是总电能了。在电池电压一定的情况下，只要比较电池电量的大小就可以判明动力蓄电池的性能了。

容量可以分为理论容量、标称容量与额定容量：

① 理论容量是用活性物质的质量按照法拉第定律计算而得到的最高理论值。

② 标称容量是用来鉴别电池的近似安时（A·h）值。

③ 额定容量也叫作保证容量，是按国家或有关部门颁布的标准，保证电池在一定的放电条件下应该放出的最低限度的容量。

3）电池荷电状态（SOC）：电池荷电状态是蓄电池放电后剩余容量与电池额定容量的百分比。

4）能量：在一定放电条件下，动力蓄电池所能输出的电能，通常用瓦时（W·h）表示。动力蓄电池的能量反映了动力蓄电池做功能力的大小，也是动力蓄电池放电过程中能量转换的量度。对于电动汽车来说，动力蓄电池的能量大小直接影响电动汽车的行驶距离。

5）功率：动力蓄电池在一定放电条件下，单位时间所输出能量的大小，单位为 W 或 kW。动力蓄电池的功率决定了电动汽车的加速性能和爬坡能力。

三、动力蓄电池组

一般情况下，将单体电池通过串联或并联构成一个电池模块，再将多个电池模块通过串联或并联的方式组合成动力蓄电池组使用，以满足电动汽车对电压和电流的需要，如图 3-2-1 所示。

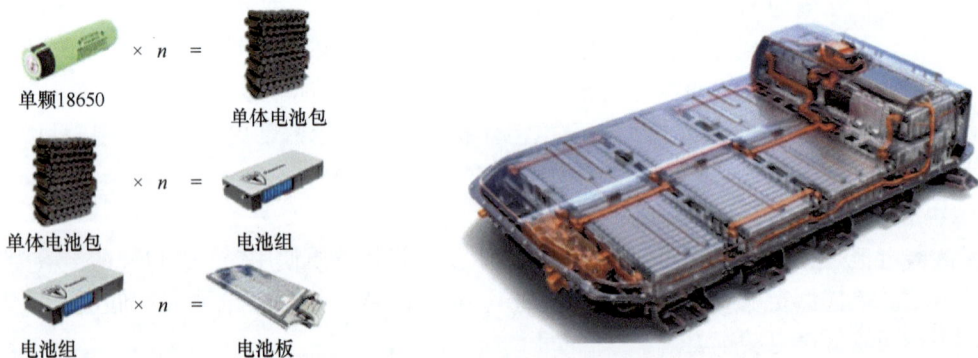

图 3-2-1　动力蓄电池组的结构

1）串联电池组：n 个单体电池通过串联构成电池模块（简称 nS）时，电池模块的电压为单体电池电压的 n 倍，而电池模块的容量为单体电池的容量。

2）并联电池组：m 个单体电池通过并联构成电池模块（简称 mP）时，电池模块的容量为单体电池容量的 m 倍，电池模块的标称电压为单体电池的标称电压。电池并联方式通常用于满足大电流的工作需要。

3）混联电池组：串、并结合能够满足电池模块既提供高电压又要有大电流放电的工作条件。"先串后并"还是"先并后串"取决于电池的实际需求，通常情况下电池并联工作可靠性高于串联。

动力蓄电池包含电芯、模组以及电池包三个层级。电芯是可以充放电的基本单位，模组是由多个电芯构成的物理模块，多个模组就构成了电池包。

例如：电池包采用单体 27A·h 的磷酸铁锂电芯总容量 42.7kW·h，总压约为 316.8V，则串联的单体电池数为 316.8V/3.2V = 99 个，并联的电池组数为 42700W·h/(27A·h×316.8V)= 4.99 个，所以需要将 99 个单体电池串联组成电池组，再把 5 个电池组并联就可满足要求。

完整的动力蓄电池产品包括电池模块、机构系统、电气系统、热管理系统和动力蓄电池管理系统几个部分。

电池模块：负责储存和释放能量，为汽车提供动力。

机构系统：主要由电池 PACK 上盖、托盘、各种金属支架、端板和螺栓组成，相当于电池 PACK 的"骨骼"，起到支承、防水防尘、抗机械冲击和机械振动的作用。

电气系统：主要由高压跨接片或高压线束、低压线束和继电器组成。高压线束可以看作是电池 PACK 的"大动脉血管"，将动力蓄电池系统心脏的动力不断输送到各个需要的部件中，低压线束则可以看作是电池 PACK 的"神经网络"，实时传输检测信号和控制信号。

热管理系统：电动汽车上使用的动力蓄电池组在工作时都会有发热现象，不同蓄电池的发热程度各不相同，有的蓄电池采用自然通风即可满足电池组的散热要求，但有的蓄电池则必须采取强制通风来进行冷却，才能保证电池组正常地工作和延长蓄电池的使用寿命。热管理系统主要有风冷、液冷和相变散热等冷却形式，热管理系统相当于是给电池 PACK 装了一个空调。

动力蓄电池管理系统：是整车能源管理系统的一个子系统，也是动力蓄电池保护和管理的核心部件。在动力蓄电池系统中，它不仅要保证动力蓄电池安全可靠地使用，而且要充分发挥动力蓄电池的能力并延长动力蓄电池的使用寿命；作为动力蓄电池和整车控制器以及驾驶人沟通的桥梁，动力蓄电池管理系统控制着动力蓄电池组的充放电，并向整车控制单元上报动力蓄电池系统的基本参数及故障信息。

动力蓄电池管理系统的具体功能：通过电压、电流及温度检测等功能实现对动力蓄电池系统的过电压、欠电压、过电流、过高温和过低温保护，SOC 估算，充放电管理，故障报警及处理，与其他控制器通信，高压回路绝缘检测，动力蓄电池系统加热控制。

四、充电系统

电动汽车充电系统是维持电动汽车运行的能源补给设施，是从供电电源提取能量对动力蓄电池充电时使用的有特定功能的电力转换装置，主要包括交流（慢速）充电系统和直流（快速）充电系统。

慢速充电系统通过慢速充电线束（充电桩慢速充电线束或家用慢速充电线束）与交流充电桩或 220V 家用交流插座相连，为动力蓄电池充电。慢速充电系统将 220V 交流电转化为直流电，实现电动汽车动力蓄电池的电能补给。

快速充电系统主要由直流充电桩、快充接口、高压控制盒、动力蓄电池、整车控制器、高压线束和低压控制线束等组成。快速充电系统的特点为充电功率大、充电时间短，但充电设备成本高。

任务实施

任务工单　动力蓄电池的认知

姓名		学号		班级	
科目		教师		得分	

一、任务内容

通过网络查找比亚迪汉 EV、特斯拉 Model X 搭载的动力蓄电池的种类及参数。

二、填写表格

品牌	比亚迪汉 EV	特斯拉 Model X
	车型：	车型：
动力蓄电池类型		
动力蓄电池电压		
动力蓄电池容量		
串联电池组数		
并联电池组数		
电池组重量		

任务评价

名称		组别		学生姓名		工位号	
		用时				零件号	
序号	考核项目	评分标准	分数	学生自评	小组互评	教师评价	小计
1	团队协作	是否协同有效工作	10				
2	工作态度	是否积极主动追求精益求精	10				
3	任务方案	是否正确、合理	20				
4	任务完成情况	操作方法正确、数据正确记录、分析结果正确	30				
5	安全规范	有无安全隐患，设备、工量具使用规范、标准，遵守劳动纪律	20				
6	现场 7S	是否做到	10				
总分			100				
教师签名				总计			

知识点总结

1. 当前，应用于电动汽车上的动力蓄电池主要为铅酸蓄电池、镍氢电池和锂离子电池，其中，锂离子电池广泛使用的有磷酸铁锂和三元锂两大类。

2. 动力蓄电池的性能指标主要包括电压、容量、内阻、能量、功率、自放电率、使用寿命等。动力蓄电池的种类不同，其性能指标也各有差异。

3. 锂电池的单体电压一般在 3~4V 范围内，将单体电池集合起来并加入动力蓄电池管理系统，就构成了电池包（Pack）。

4. 完整的动力蓄电池产品包括电池模块、机构系统、电气系统、热管理系统和动力蓄电池管理系统几个部分。

5. 电动汽车充电系统主要包括交流（慢速）充电系统和直流（快速）充电系统。

课后习题

一、判断题

1. 动力蓄电池的能量密度、功率密度、充放电性能、成本、使用寿命、单体一致性和安全性等性能是影响动力蓄电池发展的关键因素。（　　）

2. 动力蓄电池的容量是指充满电的动力蓄电池在指定的条件下放电到终止电压时输出的电量，单位为 A·h。（　　）

3. 相对于三元锂离子蓄电池，磷酸铁锂离子蓄电池的低温特性更好。（　　）

二、选择题

1. 纯电动汽车最本质的能量源来自（　　）。
A. 动力蓄电池
B. 驱动电机
C. BCU
D. PEB

2. 将两个 3.2V/20A·h 规格的电芯并联组合后的电压和容量分别是（　　）。
A. 6.4V/20A·h
B. 6.4V/40A·h
C. 3.2V/40A·h
D. 3.2V/20A·h

3. 电池包采用单体 27A·h 磷酸铁锂电芯总电量为 42.7kW·h，总压约为 316.8V，则电池包并数约为（　　）。
A. 99S5P
B. 90S6P
C. 99S6P
D. 90S5P

4. 动力蓄电池维修人员必须具备的证件是（　　）。
A. 特种电力操作证
B. 电工中级技师证
C. 低压电工证
D. 高压电工证

三、填空题

1. 完整的动力蓄电池产品包括_____、_____、_____、_____、_____等部分。

2. 锂离子蓄电池的单体电压一般在_____范围内，需要更高的电压要将单体电池_____联起来。

任务引入

比亚迪秦 EV 全系车型配备最大功率为 100kW、峰值转矩为 180N·m 的永磁同步电机，与刀片电池（磷酸铁锂电池）搭配达到最优续驶里程。电机驱动控制系统是新能源汽车行驶中的主要执行机构，其驱动特性决定了汽车行驶的主要性能指标。选择合适的电动机是提高各类电动汽车性价比的重要因素，认知驱动电机系统是维修人员必须掌握的基本知识。

任务目标

知识目标	技能目标	素养目标
1. 掌握电动汽车驱动电机系统的组成 2. 知道驱动电机的种类，能比较不同种类电机的特点、准确识读驱动电机铭牌参数 3. 掌握驱动电机系统的布置形式	1. 能判断电动汽车驱动电机的类型及其特点 2. 能在实车上识别驱动电机系统各组成部分	养成规范操作的意识，树立安全第一的观念

知识链接

根据 GB/T 18488—2024《电动汽车用驱动电机系统》，驱动电机系统是指电动汽车驱动电机、电机控制器及它们工作必需的辅助装置的组合，其功能是将储存在蓄电池中的电能高效地转化为车轮的动能，进而推进汽车行驶，并能够在汽车减速制动或者下坡时，实现再生制动。

一、电动汽车驱动电机系统的组成

驱动电机系统主要由整车控制器、电机控制器、驱动电机、机械传动装置和冷却系统等构成，如图 3-3-1 所示。

1. 电机控制器（MCU）

电机控制器的功能是接收整车控制器的指令，把动力蓄电池的高压直流电逆变成电压、频率和相序可调的三相交流电，控制驱动电机的转速、转矩和旋转方向。驱动电机控制器与驱动电机须配套使用，对于三相交流电机、永磁同步电机，需通过电机控制器进行调频、调压矢量控制；对于磁阻电机则是通过控制顺序脉冲频率来进行调速。在倒车行驶时，通过电机控制器改变三相交流电压的相序使电动机反转，来驱动车轮反向行驶。

在电动汽车滑行制动和制动系统制动过程中，电机控制器转变为整流滤波器，其功能是将发电机输出的三相交流电经过整流、滤波、升压后转变为高压直流电，将电能回馈给动力蓄电池实现能量回收。

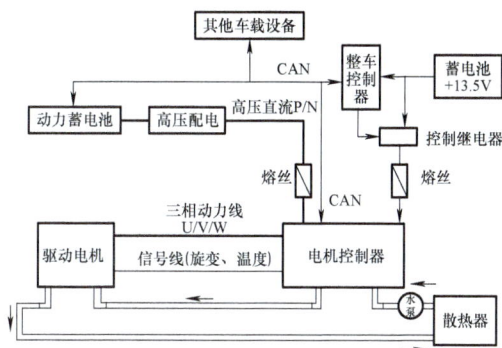

图 3-3-1 驱动电机系统

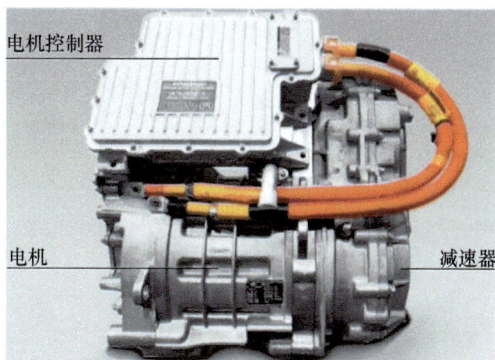

电机控制器的另一个功能是实时监测驱动电机运行状态，如温度、母线电流、三相交流电流、动力蓄电池电压、高压线束的绝缘等，电机控制器内含故障诊断电路。当诊断出异常时，它将会激活一个错误代码，通过 CAN 网络发送给整车控制器，同时储存该故障码和数据。

2. 驱动电机

驱动电机在电动汽车中承担着驱动车辆和发电的双重功能，在正常行驶时驱动电机将电能转化为机械能；而在减速和下坡滑行时驱动电机转变为发电机，将车轮的惯性动能转换为电能。

3. 机械传动装置

机械传动装置的主要功能是将驱动电机的转速降低、转矩升高，以实现整车对驱动电机的转矩、转速需求。对于纯电动汽车，由于电动机本身具有较好的调速特性，所以变速机构可简化，较多的是仅采用一种固定速比的减速装置，省去了变速器、离合器等部件。当采用轮毂式电动机分散驱动方式时，可以省去驱动桥、机械差速器、半轴等传动部件。北汽 EV200 电动汽车二级主减速器如图 3-3-2 所示。

图 3-3-2 北汽 EV200 电动汽车二级主减速器

4. 冷却系统

目前，新能源汽车的电机冷却方式主要有油冷和液冷两种。

1）油冷电机主要是用在混动汽车上，因为混动汽车需要同时考虑到内燃机和电机的冷却，所以用油冷比较合适。油冷的冷却方式是将油液通过油泵泵入油管内，将油液喷洒在电机内部，从而实现降温和润滑的双重作用。

2）液冷电机则主要用在纯电动汽车上，因为液冷可以更有效地将电机的热量带走，防止电机过热。液冷是在机壳内部设置有水道，定子装入机壳内，冷却液不与定子直接接触，以热传导的形式散热。

二、驱动电机的常见类型

电动汽车常用的驱动电机有直流电机、三相交流异步电动机、永磁同步电机、开关磁阻电机等。

1. 直流电机

直流电机（图3-3-3）的结构由定子和转子两大部分组成。运行时静止不动的部分称为定子，定子的主要作用是产生磁场，由机座、主磁极、换向极、端盖、轴承和电刷装置等组成。运行时转动的部分称为转子，其主要作用是产生电磁转矩和感应电动势，是直流电机进行能量转换的枢纽，所以通常又称为电枢，由转轴、转子铁心、电枢绕组、换向器和风扇等组成。

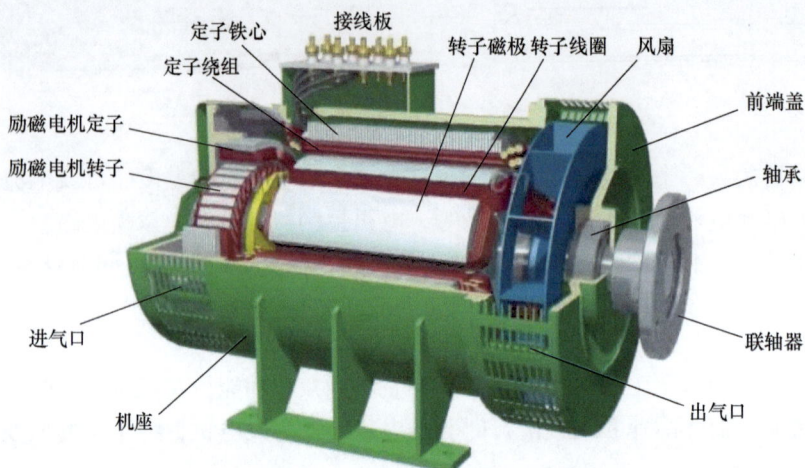

图 3-3-3　直流电机的结构

直流电机的优点：具有优良的电磁转矩控制特性，基速以下恒转矩、基速以上恒功率的特性，可满足汽车对动力源低速高转矩、高速低转矩的要求；可频繁快速起动、制动和反转；调速平滑、精确、方便，范围广；抗过载能力强，能够承受频繁的冲击负载；控制方法简单，只需要用电压控制，不需要检测磁极位置。

直流电机的缺点：装有电刷和换向器，高速和大负荷运行时换向器表面易产生电火花，电火花会产生电磁干扰；不宜在多尘、潮湿、易燃易爆的环境中使用；价格高、体积和质量大。随着电力电子技术和控制理论的发展，相对于其他驱动系统而言，直流电机在电动汽车中的应用已处于劣势，目前已逐渐被淘汰。

2. 三相交流异步电动机

三相交流异步电动机（图3-3-4）又称为感应电动机，定、转子铁心由硅钢片叠压而成，定、转子之间没有相互接触的机械部件，结构简单。三相异步电动机的定子主要作用是产生旋转磁场；转子导体通常多呈鼠笼状，置于旋转磁场中，在旋转磁场的作用下，转子中产生感应电流，转子因此受到转动力矩的作用而转动。

异步电动机的优点：结构紧凑、坚固耐用；运行可靠、维护方便；价格低廉，体积小、重量轻；环境适应性好；转矩脉动低，噪声小。交流异步电动机成本低而且可靠性高，逆变器即便损坏而产生短路时也不会产生反电动势，所以不会出现急制动的可能性。因此，广泛应用于大型高速的电动汽车中。与同样功率的直流电动机相比较，效率较高，重量轻一半左右。

异步电动机的缺点：功率因数低，运行时必须吸收无功电流，来建立磁场；控制复杂，易受电机参数及负载变化的影响；转子不易散热；调速性能差，调速范围窄。

图 3-3-4　三相交流异步电动机

3. 永磁同步电机

永磁同步电机（图3-3-5）的永磁是指在制造电机转子时用永磁体取代转子绕组；同步指的是转子的转速与定子绕组产生的旋转磁场的转速始终保持一致。因此，通过控制输入电机定子绕组的电流频率，即可实现对电动汽车车速的控制。与其他类型的电机相比较，永磁同步电机的最大优点就是具有较高的功率密度与转矩密度，即在相同质量与体积下，永磁同步电机能够提供更大的动力输出。

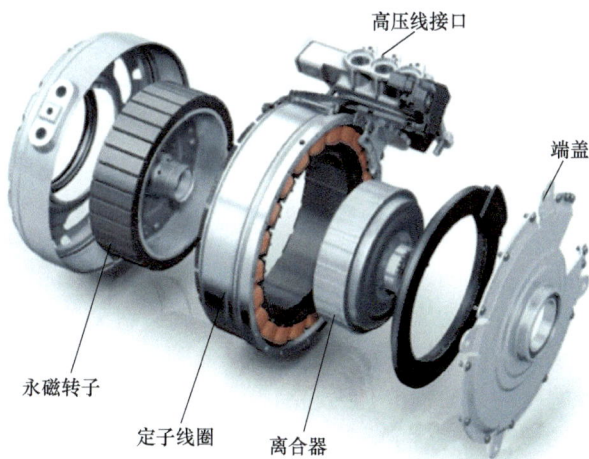

图 3-3-5　永磁同步电机

永磁同步电机体积小、重量轻，对提高新能源汽车的续驶里程起到了积极的作用。另外，我国丰富的稀土资源也是永磁同步电机得到广泛使用的原因。

但是，永磁同步电机也有自身的缺点。转子上的永磁材料在高温、振动的条件下，会产生不可逆的失磁现象，所以在相对复杂的工作条件下，电机易发生损坏。另外，永磁材料价格较高，整个电机及其控制系统成本较高。

4. 开关磁阻电机

开关磁阻电机（图3-3-6）的定子、转子为双凸极结构，铁心均由普通硅钢片叠压而成，其定子极上有集中绕组，在转子上既无绕组也无永磁体，这是开关磁阻电机的主要特点。它是利用磁阻最小原理，也就是磁通总是沿磁阻最小的路径闭合，利用齿极间的吸引力拉动转子旋转。

开关磁阻电机结构简单、成本低，比通常认为最简单的笼型感应电动机还要简单，定子线圈为集中绕组，嵌放容易，端部短而牢固，工作可靠，能适用于各种恶劣、高温甚至强振动环境，转子仅有硅钢片叠成，因此不会有笼型感应电动机制造过程中鼠笼铸造不良和使用中的断条等问题，转子机械强度极高，可工作于极高转速，转速可达10万r/min。

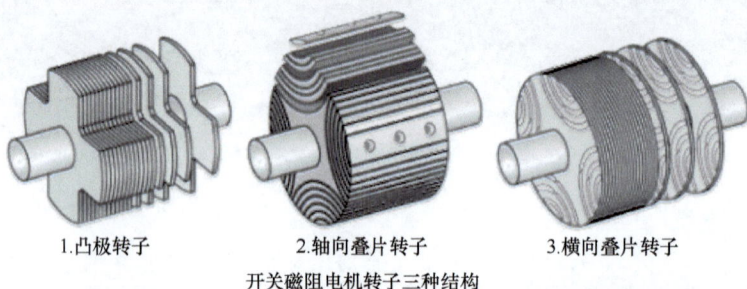

1.凸极转子　　　　2.轴向叠片转子　　　　3.横向叠片转子

开关磁阻电机转子三种结构

图 3-3-6　开关磁阻电机

开关磁阻电机的一系列特点使其十分适合电动车辆，其在电动车领域具有以下优点：电机结构简单，适用于高速，电机的绝大部分损耗集中在定子上，易于冷却，易做成水冷防爆结构，基本无须维护；在很宽的功率和转速范围内都能保持高效率，有利于提高电动车的续驶里程，这是其他驱动系统难以达到的；容易实现四象限运行，实现能量再生反馈，能在高速运行区域保持强有力的制动能力；电机的起动电流小，对电池无冲击，起动转矩大，适合于重载起动；电机和功率变换器运行可靠，适用于各种恶劣、高温环境，具有良好的适应性。

开关磁阻电机的缺点：转矩脉动性严重、运行噪声大，需要位置检测器，从而使其控制系统复杂而增加了控制系统的成本。

三、驱动电机型号及主要参数

1. 驱动电机型号

驱动电机型号由驱动电机类型代号、尺寸规格代号、信号反馈元件代号、冷却方式代号、预留代号五部分组成，如图 3-3-7 所示。

（1）驱动电机类型代号

KC——开关磁阻电机；TF——方波控制型永磁同步电机；

TZ——正弦控制型永磁同步电机；YR——异步电动机（绕线式）；

YS——异步电动机（笼型）；ZL——直流电机。

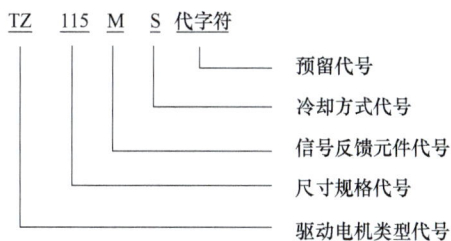

图 3-3-7 驱动电机型号

其他类型驱动电机的类型代号由制造商参照 GB/T 4831—2016《旋转电机产品型号编制方法》进行规定。

（2）尺寸规格代号 尺寸规格代号一般采用定子铁心的外径来表示，对于外转子电机，采用外转子铁心外径来表示。

（3）信号反馈元件代号 M——光电编码器；X——旋转变压器；H——霍尔元件。

（4）冷却方式代号 S——水冷方式；Y——油冷方式；F——强迫风冷方式。

2. 驱动电机主要参数

和内燃机一样，电动机也有两个重要的参数——最大功率和最大转矩。

（1）电动机最大功率 最大功率是指一台电动机所能实现的最大动力输出。输出功率的单位有千瓦和马力，它们之间的转换关系为

$$1 \text{ 马力} = 0.735 \text{kW}, \quad 1 \text{kW} = 1.36 \text{ 马力}$$

（2）电动机最大转矩 转矩是指电动机运转时从轴端输出的平均力矩，单位为 N·m。转矩越大，电动机输出的"劲"越大，车辆的爬坡能力、加速性也越好。与发动机的最大转矩相近，电动机的最大转矩不仅与电动机的转速有关，还和功率有关。电动机最大的特点是低转速时转矩强劲，因此，在混合动力系统中，当车辆起步或急加速时，电动机可以起到辅助和弥补发动机动力特性的作用，提升车辆的加速性能。

任务实施

任务工单 驱动电机系统的认知

姓名		学号		班级	
科目		教师		得分	

安全注意事项如下：

1）橙色电缆和橙黄色导线用来警示有高压电危险，不得随意触碰，如果必需触碰时需按高压防护规定操作。

2）在实训过程中，不能用潮湿的手触碰带电部件。

3）在实训过程中，未经允许，不得擅自起动车辆，不得接通高压电。

4）在实训过程中应严格按照 7S 标准执行。

一、器材准备

比亚迪秦 EV 汽车整车一台。

二、实施步骤

1）通过查阅资料，了解动力蓄电池包、高压配电箱、电机控制器、电机的安装位置，并手绘安装布局图。

2）在实车上找到动力蓄电池包，观察实物安装位置，记录铭牌参数。

3）在实车上找到高压配电箱，观察实物安装位置，记录铭牌参数。

4）在实车上找到电机控制器，观察实物安装位置，记录铭牌参数。

5）在实车上找到电机，观察实物安装位置，记录铭牌参数。

三、填写工单

名称	安装位置	铭牌参数	作用
动力蓄电池包			
高压配电箱			
电机控制器			
电机			

任务评价

名称		组别			学生姓名		工位号	
		用时					零件号	
序号	考核项目	评分标准	分数	学生自评	小组互评	教师评价	小计	
1	团队协作	是否协同有效工作	10					
2	工作态度	是否积极主动 追求精益求精	10					
3	任务方案	是否正确、合理	20					
4	任务完成情况	操作方法正确、数据正确记录、分析结果正确	30					
5	安全规范	有无安全隐患，设备、工量具使用规范、标准，遵守劳动纪律	20					
6	现场 7S	是否做到	10					
总分			100					
教师签名					总计			

知识点总结

1. 驱动电机系统的组成包括整车控制器、驱动电机控制器、驱动电机、机械传动装置和冷却系统等。

2. 电动汽车常用的驱动电机有直流电机、三相交流异步电动机、永磁同步电机和开关磁阻电机等。

3. 驱动电机型号由驱动电机类型代号、尺寸规格代号、信号反馈元件代号、冷却方式代号、预留代号五部分组成。电动机的两个主要参数是最大功率和最大转矩。

课后习题

一、判断题

1. 电动机是将机械能转化成电能，通过传动装置或直接驱动车轮和工作装置。（   ）

2. 交流异步电动机中的异步指的是转子和定子的旋转磁场转速不同。（   ）

3. 开关磁阻电机的转子铁心上绕有线圈，以提供磁场。（   ）

二、选择题

1. 三相异步电动机中产生旋转磁场的是（   ）。

A. 转子绕组　　　B. 定子绕组　　　C. 铁心　　　D. 气隙

2. 三相异步电动机中在磁场作用下产生感应电动势的是（   ）。

A. 转子绕组　　　B. 定子绕组　　　C. 铁心　　　D. 气隙

3. 转子上既无绕组也无永磁体，利用磁极的吸引力拉动转子旋转的是（   ）。

A. 直流电机　　　B. 交流异步电动机　C. 开关磁阻电机　D. 永磁电机

三、填空题

1. 电动机定子由定子铁心、_____和机座三部分组成。

2. 电动机转子可分为_____转动方式和外转子转动方式两种。

3. 当车辆行驶时，电机控制器将动力蓄电池的直流电转换为_____，供给驱动电机。

任务四　新能源汽车电控系统的认知

任务引入

电控系统是新能源汽车的控制核心，是电动汽车的大脑，负责控制和协调电池、电机以及其他相关系统的工作。电控系统对整个车辆的运行和动力输出进行合理的控制，可以实现高效的能量管理、动力分配和驱动控制，以提供卓越的性能和驾驶体验，提高整体能源利用率和安全性。

任务目标

知识目标	技能目标	素养目标
1. 了解新能源汽车电控系统的基本组成 2. 熟悉新能源汽车电控系统的作用与原理	1. 会识别新能源汽车电控部件 2. 能认知新能源汽车电气系统	1. 强化安全规范的职业素养 2. 培养团结协作、精益求精的工匠精神

知识链接

一、电控系统的基本结构

电控系统是新能源汽车的神经中枢，对新能源汽车的动力性、经济性、安全性和舒适性等有很大的影响。

新能源汽车电控系统由传感器、控制器和执行器三部分组成。传感器包括制动踏板位置传感器、加速踏板位置传感器、档位开关等输入信号。控制器包括整车控制器、电机控制器、电池管理系统等控制模块，如图 3-4-1 所示。执行器包含驱动电机和动力蓄电池等，其任务是正确执行控制单元发送的指令，这些指令通过 CAN 总线进行交互，并且有一定的自适应和极限保护功能。

整车控制系统通常采用分层控制架构，整车控制器作为第一层，负责总体控制，协调各控制单元的工作及信息处理；其他控制单元作为第二层，包括电机控制器、电池管理系统、车载充电机、DC/DC 变换器、仪表控制单元、空调控制单元、转向控制单元、制动控制单元等。整车控制器及各控制单元的输入信号由相应的传感器负责采集。

整车控制器通过 CAN 总线接收驱动电机控制器和电池管理系统的信息，并对驱动电机控制器、电池管理系统和车载信息显示系统发送控制指令，实现对整车的控制，如图 3-4-2 所示。驱动电机控制器和电池管理系统分别负责驱动电机和电池组的监控与管理，车载信息显示系统用于显示车辆当前的状态信息等。

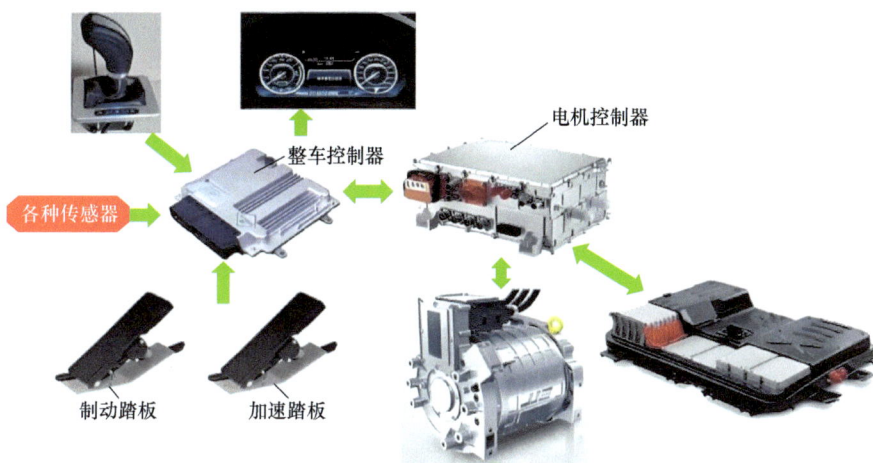

图 3-4-1　整车控制系统的组成

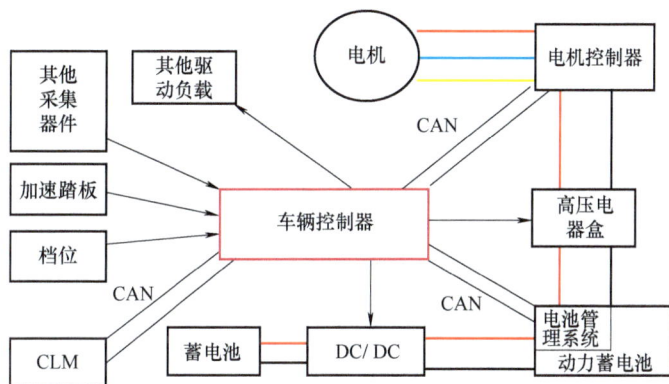

图 3-4-2　整车控制器的工作原理图

二、整车控制器

整车控制器简称 VCU，是整车控制系统的核心部件，用于判断操纵者意愿，根据车辆行驶状态、蓄电池和电机系统的状态合理分配动力，使车辆运行在最佳状态。整车控制器的主要功能包括汽车行驶控制、整车能量管理、整车通信网络管理、制动能量的回收控制、车辆状态的监测与显示、故障诊断与处理、充电系统控制、高压上下电控制。

1）汽车行驶控制（图 3-4-3）。整车控制器通过采集钥匙信号、充电信号、加速/制动踏板位置信号等，来判断当前需要的工作模式。新能源汽车的驱动电机必须按照驾驶人意图输出驱动或制动转矩，当驾驶人踩下加速踏板或制动踏板时，驱动电机要输出一定的驱动功率或再生制动功率。踏板开度越大，驱动电机的输出功率越大。因此，整车控制器要合理解释驾驶人操作；接收整车各子系统的反馈信息，为驾驶人提供决策反馈；对整车各子系统发送控制指令，以实现车辆的正常行驶。

2）整车能量管理。在新能源汽车中，动力蓄电池除了给驱动电机供电以外，还要给高压电动附件供电，为了获得最大的续驶里程，整车控制器将负责整车的能量管理，以提高能

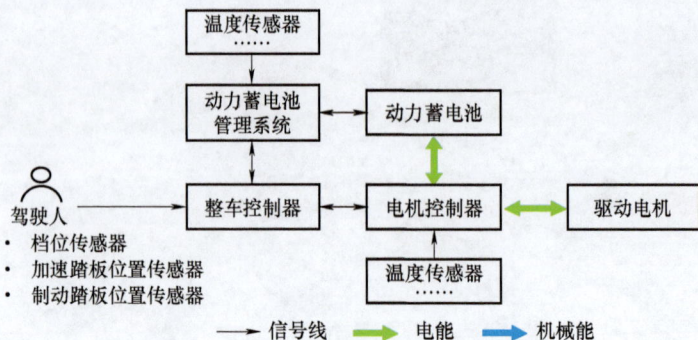

图 3-4-3　整车控制器控制行驶原理图

量的利用率。在动力蓄电池 SOC 值比较低的时候，整车控制器将对某些电动附件发出指令，限制电动附件的输出功率，增加续驶里程。在车辆充电过程中，车载充电机会把外界的交流电转换成直流电充入动力蓄电池。新能源汽车的基础电气系统仍然采用 12V 供电，是由低压蓄电池进行供电的。整车控制器随时监测低压蓄电池的电量，当电压降至设定值时，会控制高压系统上电、通过 DC/DC 变换器给 12V 低压蓄电池充电。

3）整车通信网络管理。整车控制器是新能源汽车众多控制器中的一个，是 CAN 总线的一个节点。在整车网络管理中，整车控制器是信息控制的中心，负责信息的组织与管理、网络状态的监控、网络节点的管理、信息优先权的动态分配，以及网络故障的诊断与处理。

4）制动能量的回收控制（图 3-4-4）。新能源汽车区别于内燃机汽车的重要特征就是能够进行制动能量回收，这是通过将新能源汽车的驱动电机工作在再生制动状态来实现的。整车控制器分析驾驶人制动意图、动力蓄电池组状态和驱动电机状态等信息，并结合制动能量回收控制策略，在满足制动能量回收的条件下对电机控制

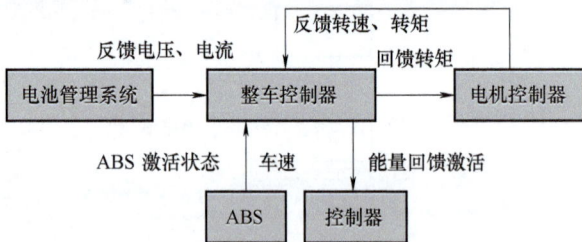

图 3-4-4　制动能量的回收控制

器发送电机模式指令和转矩指令，使驱动电机工作在发电模式。当驾驶人操作制动踏板时，驱动电机控制器会根据制动踏板的位置和车辆的速度等信息，调整驱动电机的制动力，以实现车辆的减速或停车。此时电动机作为发电机，利用电动汽车的制动能量发电，同时将此能量储存在储能装置中，当满足充电条件时，将能量反充给动力蓄电池组。在这一过程中，整车控制器根据加速踏板和制动踏板的开度以及动力蓄电池的 SOC 值，来判断某一时刻能否进行制动能量回馈，如果可以进行，整车控制器向电机控制器发出制动指令，回收部分能量，在不影响制动性能的前提下将制动回收的电能储存在动力蓄电池组中，从而实现制动能量回收。

5）车辆状态的监测与显示。整车控制器通过直接采集信号和接收 CAN 总线上数据的方式，获得车辆运行的实时数据，包括速度、驱动电机的工作模式、转矩、转速、动力蓄电池的剩余电量、总电压、单体电压、蓄电池温度和故障等信息，然后通过 CAN 总线将这些实时信息发送到车载信息显示系统进行显示。整车控制器定时检测 CAN 总线上各模块的通信，如果发现总线上某一节点不能够正常通信，则在车载信息显示系统上显示该故障信息，并对

相应的紧急情况采取合理的措施进行处理，防止极端状况的发生，使驾驶人能够直接、准确地获取车辆当前的运行状态信息。

6）故障诊断与处理。连续监测整车电控系统，进行故障诊断和相应的安全保护处理。故障指示灯指示出故障类别和部分故障码，根据故障内容，及时采取相应安全保护措施，对各种故障进行判断、等级分类（表3-4-1）、报警显示，储存故障码，供维修时查看；对于不太严重的故障，能做到低速行驶到附近维修站进行检修。

表 3-4-1　整车故障等级

等级	名称	故障后处理
一级	致命故障	电机零转矩、1s紧急断开高压、系统故障灯亮
二级	严重故障	电机故障零转矩；二级电池故障，20A放电电流限功率；系统故障灯亮
三级	一般故障	进入跛行工况/降功率、系统故障灯亮
四级	轻微故障	属于维修提示，只仪表显示，但是整车控制器不对整车进行限制；能量回收故障，仅停止能量回收，行驶不受影响

7）充电系统控制。实现充电的连接，监控充电过程，报告充电状态。整车上下电控制遵循"先上低压电，后上高压电，先下高压电，后下低压电"的原则，同时监测各个零部件的状态信息，控制与上下电相关的各个接触器继电器，起动车辆时高压供电系统预充电，停车或行车故障时按照合理的策略切断高压供电系统，保障乘员的安全。汽车控制器通过向驱动电机控制器、电池管理系统发送指令，间接控制驱动电机运转和动力蓄电池充放电，通过控制主继电器来实现车载模块的通断电。

8）高压上下电控制。新能源汽车上、下电指动力系统高压上下电过程，控制的核心是对动力系统高压电路通断的控制。新能源汽车上下电控制通过采集钥匙及踏板等驾驶人动作信号，并通过CAN总线、电池管理系统及电机控制器等子系统进行通信，来控制整车高压上电、下电，同时在上、下电过程中，力求准确诊断出整车动力系统的高压故障，并迅速做出相应处理。新能源汽车高压供电系统的整个动力电路存在着大量的容性负载，如果在高压电路接通过程中不采取有效的防范措施，高压电路在上电瞬间，由于系统电路容性负载的存在，将会对整个高压系统电路造成上电冲击。因此，在上电过程中需要对高压电路进行预充。新能源汽车在接到有效起动的信号之后，整车管理系统首先低压上电，对高压电路系统进行高压上电前预诊断，如果SOC达到一定值，电压正常，并且电路无绝缘和短路等故障，接通防电流瞬态冲击预充电系统进行高压电路预充电。如果高压电路预充电在约定的正常时间范围内完成，则系统允许接通高压电路，否则禁止高压电路接通。下电过程是指整车管理系统接收到关机断电信号后，车辆进入自动断电程序，按时序完成高压下电过程，并对下电过程进行诊断和检测。

任务实施

任务工单　新能源汽车电控系统的认知

姓名		学号		班级	
科目		教师		得分	

项目三　新能源汽车结构认知

89

一、任务目标

1）熟悉新能源汽车电控系统的组成，能识别并在实车上找到整车控制器、电机控制器、电池管理系统等控制单元。

2）会用诊断仪正确读取整车控制器、驱动电机控制器、动力蓄电池的数据流。

3）会识别区分充电接口。

二、任务组织

1）作业准备。检查绝缘垫，设立隔离柱，设置隔离、警示标志，布置警戒线，张贴警示牌。要求现场环境达标，放置高压安全警示牌及隔离带，隔离距离正常，警示标牌清晰。

2）检查高压安全防护设备。绝缘手套、绝缘鞋、护目镜、安全帽外观及性能检查。正确穿戴个人防护用具。

3）教师进行高压上、下电操作演示。

4）教师示范用诊断仪读取整车控制器、驱动电机控制器、动力蓄电池数据流的过程。

三、实施过程

1. 车辆信息记录

品牌		型号		生产日期	
车辆识别代号				行驶里程	

2. 填写下表

名称	功用	与之连接的部件名称
整车控制器		
车载充电机		
PDU		
MSD		

3. 简答题

在实车上找到直流充电插头和交流充电的插口，写出每个插孔的定义与作用，如图 3-4-5 所示。

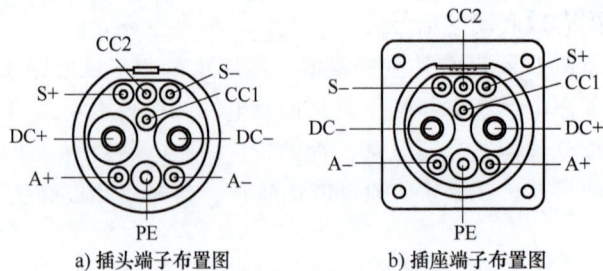

a) 插头端子布置图   b) 插座端子布置图

图 3-4-5 插头和插座端子

DC+

DC−

PE

A+

A−

任务评价

名称		组别			学生姓名		工位号	
		用时					零件号	
序号	考核项目	评分标准	分数	学生自评	小组互评	教师评价	小计	
1	团队协作	是否协同有效工作	10					
2	工作态度	是否积极主动追求精益求精	10					
3	任务方案	是否正确、合理	20					
4	任务完成情况	操作方法正确、数据正确记录、分析结果正确	30					
5	安全规范	有无安全隐患，设备、工量具使用规范、标准，遵守劳动纪律	20					
6	现场 7S	是否做到	10					
总分			100					
教师签名					总计			

知识点总结

1. 新能源汽车电控系统由传感器、控制器和执行器三部分组成。传感器包括制动踏板位置传感器、加速踏板位置传感器、档位开关等输入信号。控制器包括整车控制器、电机控制器和电池管理系统等控制模块。执行器包含驱动电机和动力蓄电池等。

2. 整车控制器的主要功能包括整车控制模式判断和驱动控制、整车能量优化管理、整车通信网络管理、制动能量回馈控制、故障诊断和处理、车辆状态监测与显示。

3. 在整车的网络管理中，整车控制器是信息控制的中心，负责信息的组织与传输、网络状态的监控、网络节点的管理、信息优先权的动态分配以及网络故障的诊断与处理等功能。通过 CAN（EVBUS）总线协调电池管理系统、电机控制器和空调系统等模块相互通信。

4. 整车控制器对车辆的状态进行实时检测，并且将各个子系统的信息发送给车载信息显示系统，其过程是通过传感器和 CAN 总线，检测车辆状态及其动力系统和相关电器附件、相关子系统状态信息，驱动显示仪表，将状态信息和故障诊断信息通过数字仪表显示出来。

5. 电动汽车辅助控制系统用于保证和提高车辆的安全行驶性能。主要包括空调系统、冷却系统、电动转向、电控制动以及安全气囊等装置，借助这些辅助设备，来提高车辆的安全性和乘员舒适性。

6. 整车控制器通过采集驾驶信号判断操纵者的意愿，根据车辆实时行驶情况、动力蓄电池以及驱动电机的工作状态合理分配动力，使车辆运行在最佳状态。电动汽车以整车控制器为主节点，通过 CAN 总线网络对电动汽车动力链的各个环节进行管理、协调和监控，实现整车的驱动控制、能量优化控制、制动回馈控制以及网络管理等功能。

课后习题

一、判断题

1. 电动水泵的作用是冷却液循环的动力元件，对冷却液加压，促使冷却液在冷却系统中循环，带走系统散发的热量。（　　）

2. 冷却水泵工作条件：只要起动 READY 档，冷却水泵就工作。（　　）

3. DC/DC 变换器需要将动力蓄电池电压通过逆变、变压、整流、滤波转变为 12V 直流电。（　　）

二、选择题

1. VCU 是指（　　）。

A. 整车控制器　　　　　　　　B. 车身稳定控制系统

C. 动力蓄电池管理系统　　　　D. 电机控制器

2. 以下是整车控制器功能的是（　　）。

A. 控制车辆行驶　　　　　　　B. 制动能量回馈控制

C. 整车的网络化管理　　　　　D. 以上都是

3. 不属于整车控制器接收传感器信号的是（　　）。

A. 制动踏板位置传感器信号　　B. 加速踏板位置传感器信号

C. 档位开关信号　　　　　　　D. 钥匙信号

4. 加速踏板位置传感器的参考电源是（　　）。

A. 5V　　　　　　　　　　　　B. 12V

C. 与低压蓄电池电压一致　　　D. 与动力蓄电池电压一致

项目四

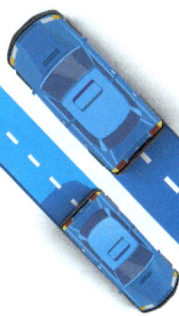

汽车文化与新技术认知

【项目概述】

本项目主要内容包括世界汽车工业发展历史、我国汽车自主品牌崛起过程、国内外汽车文化及汽车智能辅助技术发展趋势等。本项目在介绍相关专业知识的同时，注重激发学生职业兴趣和职业认同感，为学习后续专业课程奠定基础。学习本项目的内容不仅能提高学生的汽车鉴赏能力，更以中国汽车人筚路蓝缕、以启山林的奋斗精神为载体，引导学生树立知行合一、精益求精的工匠精神，养成吃苦耐劳、团结合作的团队精神。

任务一　汽车文化与发展史的认知

任务引入

本任务介绍汽车的诞生与发展史、汽车运动、我国汽车自主品牌崛起等内容，通过学习汽车文化，了解汽车产业未来发展、节能环保、人工智能等大趋势，以培养学生的大国重器理念和大国工匠精神。

任务目标

知识目标	技能目标	素养目标
1. 了解汽车文化的定义 2. 了解中外汽车文化的特色 3. 了解中外汽车发展史 4. 了解自主品牌新势力	能通过网络收集汽车发展史的相关信息，总结出汽车工业发展比较有代表性的历史事件	激发学生热爱汽车、投身汽车行业的兴趣和决心

知识链接

一、汽车文化

汽车文化是汽车在发明和发展过程中所创造的物质财富和精神财富的总称，是人们在制造和使用汽车的活动中形成的一套行为方式、习俗、法规和价值观念等内容，它包括技术文化、车史文化、造型文化、车标文化、赛车文化等。

汽车文化的具体体现主要是汽车本身所折射出的设计理念，其中，所包含的设计元素实际上就是文化元素，当这些元素熔铸到汽车上，就表现出不同的汽车文化。

1. 美系车辆

美国汽车具有空间大、安全、舒适、悬架柔软、动力强劲的特性，成为安全舒适豪华车的代表。美国汽车的特点是豪放、狂野、不拘小节，车厢宽敞，内部设施豪华，外观粗线条，给人一种自由与霸气的感觉。

2. 欧系车辆

欧洲是汽车的发祥地，主流汽车生产国的汽车大多有百年的历史，生产的汽车都以精致出名。各车厂家以优秀文化传统、高超的设计能力、典雅的外观、明显的操纵个性称雄于世。

1）德国汽车：德国汽车以安全、结实、技术含量高而著称于世。德国的轿车给人的感觉是比较传统，冷静、深藏不露，很少以外表去"哗众取宠"，轿车线条挺拔而有力度，造型严谨而传统，给人一种坚固和耐用的感觉。

2）法国汽车：法国汽车的总体特点是车体较小而设计新颖，悬架柔软，乘坐舒适，符合大众化的方向，因此成为家庭轿车的热门。

3）意大利汽车：意大利的汽车，以卓越的品质、良好的性能、堪称先锋的科技运用、层出不穷的科技发明而闻名于世界。意大利有"跑车之乡"之美称，意大利的汽车以豪放、性感、洒脱的特点吸引顾客。

4）英国汽车：英国轿车给人一种保守而尊贵之感，比德国轿车更保守、更严肃，更加稳重、有内涵。

3. 日韩系车辆

日韩两国的汽车业在20世纪50年代后才开始发展，相比欧美起步晚。但是日本和韩国企业封闭型的配套机制和"短、平、快"的管理方式给汽车企业注入了活力，成为后起之秀。

日本车的特性是平顺、省油、好开，涂装精致、品质优秀。另外，日本汽车也具有活泼、轻巧、美观、创新的特点。

韩国汽车富有创造性，既洒脱又稳重，并具有飘逸感，显示出自身轻巧、简洁的个性。

4. 中国汽车

国产轿车的特点是车型沉稳而且粗线条，在用途方面注意与其外形配合，比较实用。从美观、高科技、使用方便、乘坐舒适感以及安全等方面来看，也更加卓越。

二、世界汽车工业发展史

世界汽车工业在一浪接一浪的社会革命和技术革命中不断发展壮大，回顾这期间的汽车工业发展，可将世界汽车发展史分为以下三大阶段：

1. "萌芽期"人力机械传动时代（1769年前）

自从人类发明了车轮并制造出车后，就用驯化的马、牛拉车。马车是运输、代步和打仗最主要的工具。除了动力系统和传动系统外，马车已具备了早期汽车的基本结构，为汽车的诞生创造了条件。随着机械化大生产和贸易的迅速扩展，马车的速度和装载重量越来越无法适应日益繁重的运输任务。

人们渴望着能制造出多拉快跑的自走式车辆，自走式车辆应该是以一种原动力驱动。人们寻找自走式车辆的原动力时，最先想到的是风，因为它早已用在帆船上。1600年，荷兰的西蒙斯蒂芬把车轮装在帆船上造出"风帆车"。

1649年，德国一个钟表匠汉斯·赫丘制造了一辆发条车（图4-1-1），但这辆车速度不到1.6km/h，而且每前进230m，就必须把钢制发条卷紧一次，这个工作的强度太大了，所以，发条车也没有得到发展。

由于工业的发展，瓦特在前人的基础上改良了蒸汽机，在1776年制造出第一台有实用价值的蒸汽机（图4-1-2）。以后又经过一系列重大改进，使之成为"万能的原动机"，在工业上得到广泛应用，开辟了人类利用能源新时代，使人类进入"蒸汽时代"。后人为了纪念这位伟大的发明家，把功率的单位定为"瓦特"（简称"瓦"，符号W）。发条车与蒸汽机这两项技术分别为汽车的传动和动力做了基础。

2. "雏形期"蒸汽机时代—外燃机时代（1769—1884年）

1769年，法国陆军工程师尼古拉·约瑟夫·居纽制造出第一辆蒸汽机驱动的汽车（图4-1-3）。由于试车时转向系统失灵，撞到般圣奴兵工厂的墙壁上"粉身碎骨"，这是世界上第一起机动车事故。1771 年，尼古拉·约瑟夫·居纽造出了第二辆更大型蒸汽机驱动的汽车法蒂尔，该车的行驶速度可达 3.6~9.5km/h，能搬运 4~5t 货物，性能也有所改善。

图 4-1-1　发条车

图 4-1-2　蒸汽机

在 1769—1884 年第二次工业革命的加持下，各式各样的蒸汽汽车开始在市面运行，而且还完成了之后汽车关键技术的突破，其中，比较关键的技术是 1807 年由瑞士发明家德利瓦设计的德利瓦内燃机（图 4-1-4），除了关键技术的发展，还有些技术为以后的汽车也打下基础。

1838 年，英国发明家亨纳特发明了第一台内燃机点火装置，该项发明被世人称为"世界汽车发展史上的一场革命"。

1859 年，法国物理学家普兰特发明了铅蓄电池，它是两片纯铅由亚麻织物分离，浸渍在含有硫酸溶液的玻璃容器中。次年，他又制作了拥有九个单元的铅蓄电池。

1862 年，艾蒂安雷诺发明了以天然气为燃料的二冲程卧式内燃机。

1867—1876 年，德国工程师尼考罗斯奥托研制了往复活塞式四冲程煤气发动机和单缸卧式内燃机。

图 4-1-3　第一辆蒸汽机驱动的汽车

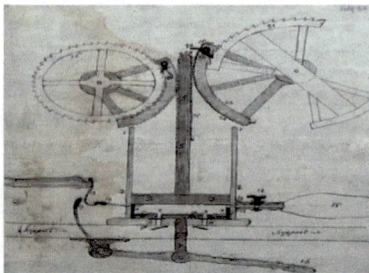

图 4-1-4　德利瓦内燃机

3. "快速发展期" 内燃机时代（1884 年后）

1885 年是真正的现代汽车诞生的时刻，这一年德国工程师卡尔·本茨在曼海姆制造成一辆装有 0.85 马力汽油机的三轮车（图 4-1-5）。这一辆装有内燃动力机的汽车被认为是世界上真正的第一辆汽车，因为它是真正以汽油机为动力源的第一辆汽车，而不是蒸汽机。

1886 年，曼海姆专利局批准卡尔·本茨为其在 1885 年研制成功的三轮汽车申请的专利，这一天被大多数人称为现代汽车诞生日。同年，德国工程师戴姆勒在迈巴赫的协助下，在一辆四轮马车上装上自己的发动机，这便是世界上最早的四轮汽油汽车（图 4-1-6）。因此，本茨和戴姆勒是人们公认的以内燃机为动力的现代汽车的发明者，他们的发明创造成为汽车发展史上最重要的里程碑，他们两人因此被世人尊称为"汽车之父"。

图 4-1-5 卡尔本茨三轮汽车

图 4-1-6 戴姆勒四轮汽车

随后，汽车被不断升级改造，机械部件也越来越多，造型也更舒适奢华。汽车的需求量也越来越大，这也带动了汽车产业的批量生产发展。20 世纪初，亨利·福特将流水线加工方式引入汽车厂，极大地提高了生产量，将汽车量产化。1903—1907 年间，处于探索阶段的福特继 A 型车后又接连推出了 S 型及 N 型车。取得了成功的亨利·福特萌生出了一种"让普通百姓也能开上汽车"的想法，于是日后影响世界的福特 T 型车（图 4-1-7）即将诞生。从 1908 年开

图 4-1-7 福特 T 型车

始，汽车才开始逐渐平民化，汽车的普及极大地改变了人们的出行和生活方式，给人们带来了极大的方便。

随着时间的推移，汽车产品形成了从单一到多样化的变革。1930 年，自动变速器被广泛应用，这种设计可以使驾驶人更轻松地驾驶汽车。1941 年，美国推出了第一辆悬架系统采用气垫的汽车，这种设计大大提高了汽车的平稳性和舒适性。1948 年，米其林轮胎公司研制成功了世界上第一条全钢丝子午线轮胎。1954 年，德国工程师菲力汪克尔设计出了旋转式活塞发动机，即转子发动机。1970 年，汽车开始使用电子点火系统，这种设计可以提高燃油效率、减少污染。1990 年，汽车开始应用计算机技术，包括发动机控制单元（ECU）和车载导航系统。1993 年，可变进气管技术和可变凸轮轴调节技术被应用。2000 年，汽油机直喷技术在德国汽车批量生产中被应用。

三、我国汽车发展史

我国的汽车工业与共和国共命运，经过半个多世纪的努力，发生了翻天覆地的变化。从一个曾经是"只有卡车没有轿车"的汽车工业，终于形成了一个种类比较齐全、生产能力不断增长、产品水平日益提高的汽车工业体系。我国汽车工业经历了创建（1953—1965 年）、成长（1966—1980 年）和全面发展（1981 年至今）的三个历史阶段。

1. 创建阶段

1950 年，我国开始研发汽车，中央重工业部成立了一个汽车工业筹备组，开始建设国内第一家汽车制造厂。1950 年 7 月 15 日，第一汽车厂在长春正式开始修建，经过三年建设完成，这是我国第一座汽车厂。中国汽车业自诞生之日起就重点选择以中型载货车、军用车以及其他改装车为主的发展战略，因此中国汽车工业的产业结构从开始就形成了"缺重少

轻"的特点。

1956 年 7 月 14 日，国内的第一批"解放牌"货车 CA10（图 4-1-8）从长春总装线上盛装下线，中国汽车工业从此开始起步，彻底结束了我国不能造车的历史。东风 CA71 轿车如图 4-1-9 所示。

图 4-1-8 "解放" CA10

图 4-1-9 东风 CA71 轿车

1958 年 6 月 20 日，第一辆井冈山牌轿车试制成功（图 4-1-10），该车装备 1.2L 4 缸发动机，采用后置后驱布局。井冈山轿车的设计思路与"国民车"概念非常相似，可以说是中国最早的普及型轿车。

1958 年 7 月，中国制造的第一辆高级轿车，红旗 CA71 型高级轿车试制成功，红旗轿车也成为领导人的公务用车，在中国人心中树立起高端轿车的形象。同年 9 月，凤凰牌轿车（图 4-1-11）试制成功，凤凰轿车开启了上海轿车工业的新篇章，为以后生产上海牌轿车奠定了基础。

图 4-1-10 井冈山牌轿车

图 4-1-11 凤凰牌轿车

1959 年，国产红旗 CA72 轿车亮相，吸引了大众目光。红旗轿车在当年长春第一汽车制造厂正式定型投产，生产型号 CA72，为双排座式，这是我国有编号的第一辆真正的红旗牌高级轿车（图 4-1-12）。CA72 参加了日内瓦展览会，后来被编入《世界汽车年鉴》。

进入 20 世纪 60 年代，在国家和省市支持下，形成了一批汽车制造厂、汽车制配厂和改装车厂。其中，南京、上海、北京和济南共四个较有基础的汽车制配厂，经过技术改造成为继第一汽车制造厂之后第一批地方汽车制造厂。南京汽车制造厂于 1958 年 3 月生产出第一辆跃进 NJ130 轻型货车（图 4-1-13）。

虽然新中国自力更生制造出的汽车填补了我国工业的空白，使我国汽车工业发展从此进入一个新的阶段，但随后的 20 多年逐渐地被现代化世界汽车工业抛在后面，轿车工业技术水平长期处于停滞不前阶段。

图 4-1-12　红旗 CA72

图 4-1-13　跃进 NJ130 轻型货车

2. 成长阶段

1964 年，国家确定建设以生产越野汽车为主的第二汽车制造厂，第二汽车制造厂是我国汽车工业第二个生产基地。第二汽车制造厂的建成，开创了中国汽车工业以自己的力量设计产品、确定工艺、制造设备、兴建工厂的纪录，检验了整个中国汽车工业和相关工业的水平，标志着中国汽车工业上了一个新台阶。

1969 年 9 月，我国试制成功了 SH380 型 32t 矿用自卸车。这种重型自卸汽车有 7.5m 长，宽 3.55m，高 3.5m，自重 21.6t。从 1968 年 10 月（图 4-1-14）应第一机械工业部要求进行设计到制造成功，只用了半年多的时间，这是我国汽车工业史上的一个创举，该车参加了国庆 20 周年检阅。

1965 年，北京汽车制造厂历经三轮样车试制成功开发出我国第一代轻型越野车。北京 212 型（图 4-1-15）的机动性、通过性、最大车速均达到较高水平。

图 4-1-14　SH380 型 32t 矿用自卸车

图 4-1-15　北京 212 型越野车

这一时期，以中、重型货车和越野汽车为主，同时发展矿用自卸车掀起了我国汽车工业发展的第二次热潮。

3. 全面发展阶段

1978 年，通用、大众、丰田等国外汽车品牌纷纷到我国寻求合作，一种新的经营模式开始在不断探索中发展起来，我国汽车工业改革大幕由此拉开。1979 年，上海牌小轿车生产量已将近 2 万辆，它是真正走进中国百姓生活的首款轿车，是民族汽车产业的骄傲。接下来，我国汽车市场正式步入一个全新的时代，进口合资车开始兴起。

1982 年 5 月，中国汽车工业公司在北京成立。1984 年 1 月 15 日，由北京汽车制造厂和美国汽车公司合资经营的北京吉普有限公司成立。北京吉普（图 4-1-16）自主开发能力的形成，经历了从消化吸收技术，进行整车和零部件的国产化，到将引进技术移植到国产品牌上，推动老产品技术升级，再到开发全新整车的过程。1985 年 9 月 26 日，第一辆命名为"北京 JEEP"切诺基牌汽车开下生产线。它标志着北京吉普在引进技术、提高企业制造技术水平上迈出了重要一步。

1985 年 3 月，中国与德国合资的上海大众汽车有限公司正式成立，上汽大众的成立标志着中国现代化轿车工业正式启航，我国汽车产业也进入了高速发展期。同年 7 月，上海车展上签署了 250 辆雪铁龙 CX（图 4-1-17）的订单合同，该车不仅拥有典雅的外形设计，更以丰富的科技配置领先同时代的其他车型。同时，这款车更是中法友谊的见证者之一。

图 4-1-16　北京吉普

图 4-1-17　雪铁龙 CX

在改革开放方针指引下，汽车工业进入全面发展阶段，主要体现为老产品（如解放、跃进和黄河车型）升级换代；调整商用车产品结构，改变"缺重少轻"的生产格局；引进技术和资金，建设轿车工业，形成生产规模。在这 20 年中，我国汽车工业发生了大变革，成为中国汽车工业一个旧时代的结束和一个新时代开始的分水岭。

2001 年 12 月，中国正式加入世界贸易组织（WTO），中国加入 WTO 后第一家合资企业北京现代成立。随后，东风悦达起亚、华晨宝马、东风本田、东风日产、广汽丰田、北京奔驰等合资企业相继建立，合资汽车企业进入全面发展阶段。而伴随着近年来中国汽车市场的井喷式发展，2010—2013 年，广汽菲亚特、广汽三菱、长安标致雪铁龙、奇瑞捷豹路虎、东风雷诺等合资汽车企业陆续成立，标志着新一轮合资高潮的到来，世界主要汽车品牌悉数以合资形式进入中国。中国加入 WTO，一方面刺激了国外资本和国际汽车品牌的大量涌入，另一方面，也刺激了国内汽车市场的发育，使中国的自主品牌企业吉利、奇瑞、比亚迪、长城等得到了前所未有的发展。

2003 年，长城成为国内首家在香港 H 股上市的民营汽车企业；2003 年，比亚迪收购西安秦川汽车有限责任公司，正式进入汽车制造与销售领域。

2005 年，《关于加快发展可再生能源的意见》正式发布，明确提出了通过发展可再生能源产业来实现能源结构调整的目标，并制定了相关政策措施。这一政策文件的发布，标志着中国新能源产业的正式起动。

2009 年，国务院发布了《汽车产业调整和振兴规划》，首次提出大规模发展新能源汽车的目标。同年，我国启动了"十城千辆"这一标志性计划和这一规划相配合，这个计划主要涉及公交、公务、市政、邮政、出租等领域，3 年左右的时间，每年发展 10 个城市，每个城市推出 1000 辆新能源汽车，这标志着我国开始了新能源汽车产业化之路。

汽车行业进入新旧动能转换的历史机遇期，为我国弯道超车提供了可能性。在传统燃油车时代，核心技术领域拥有绝对优势的合资品牌往往占据市场主导权。随着汽车来到电动化、智能化时代，过去的游戏规则被彻底打破，所有车企都站在了同一起跑线上。2022年是全球新能源汽车产业发展具有标志性意义的一年，年销售首次突破1000万辆，同比增长63.6%。我国新能源汽车企业加快创新步伐，交出了一份亮丽的答卷。

纵观我国汽车工业的发展历程，尽管遭受了各种艰难险阻，经过多年建设，特别是近十几来加快发展，已经初步建立了具有一定规模的汽车工业体系，培养了一大批从事汽车研究、设计、生产、管理的人才，这些都为我国汽车工业的腾飞奠定了基础。

四、全球知名汽车赛事

1. 世界汽车拉力锦标赛

世界汽车拉力锦标赛（图4-1-18）始于1973年，是FIA国际汽联四大赛事之一，与F1齐名。但是，与F1不同的是，所有参赛车辆必须以量产车研发制造而成，并在世界各地的雨林、泥泞、雪地、沙漠及蜿蜒山路等不同的路况进行比赛，是最严酷的赛事之一，但也是最有魅力的比赛之一，每年全球有近10亿人次通过各种方式观看WRC比赛。WRC是"World Rally Championship（世界拉力锦标赛）"的缩写，拉力赛一词取自英文"Rally（集结）"，表示参赛车辆必须严格按照比赛规定的行驶路线，在规定的时间内，到达分站点目标并在规定时间内完成车辆的维修检测。

2. 世界一级方程式锦标赛（F1）

F1（图4-1-19）是目前世界上速度最快、费用最昂贵、技术最高的比赛，也是方程式汽车比赛中最高级别的比赛。世界一级方程式锦标赛是于1950年在英国银石赛车场开始的，现在每年举行18场比赛。F1中最著名的德国车手迈克尔舒马赫，一共获得7次世界冠军，并且创造了诸多赛车界前无古人后无来者的纪录，在世界享有很高的声誉。

图4-1-18　WRC世界汽车拉力锦标赛

图4-1-19　F1

3. 达喀尔拉力赛

达喀尔拉力赛（图4-1-20）被称为勇敢者的游戏，因其赛道被布置在世界上极其艰苦的区域，车手和车辆都必须接收超高难度的挑战，达喀尔拉力赛每年吸引着上亿人的关注。达喀尔拉力赛还有一个有意思的地方就是无论专业还是业务选手，都可以自由参赛，这一点让很多车迷为之疯狂。巴黎-达喀尔拉力赛的创始者泽利萨宾说："对于参加的人来说，这是一项挑战；对于没参加的人来说，这是一个梦想。"

4. 勒芒 24 小时耐力赛

勒芒 24 小时耐力赛（图 4-1-21）是同世界一级方程式锦标赛（F1）、世界汽车拉力锦标赛（WRC）并称为世界著名和最艰苦的三大汽车赛事。自从首届比赛于 1923 年举行，从名字可以看出，24 小时耐力赛，对于车辆的稳定性和耐久性做出了极高的要求，难度也可想而知。

图 4-1-20   达喀尔拉力赛

图 4-1-21   勒芒 24 小时耐力赛

以上经典的汽车赛事，每一个都足以让人沸腾。对于汽车车迷而言，那些鏖战于汽车赛场的车手，都是最让人敬佩的人。近年来，我国大学生赛车运动也发展迅速，国内大部分开设车辆专业的高校都有参与其中。目前，国内大学生方程式赛车设计与制造，主要以学生自发摸索为主，未来中国赛车运动能取得怎样突破性的发展取决于有志青年积极进取的精神与探索创新能力。

五、国内汽车品牌

1. 东风汽车

东风汽车在 2018 年成立全新高端电动汽车品牌——岚图汽车。2021 年 6 月，岚图汽车首款车型"性能级智能电动 SUV"岚图 FREE 正式上市（图 4-1-22），同年 8 月启动交付，用户覆盖全国 300 个城市。2022 年 4 月 26 日，岚图 FREE 在中央广播电视总台举办的 2021 中国汽车风云盛典评选中，以 11 个测评单项 5 项第一，总成绩第一的成绩斩获"评委会大奖"。

图 4-1-22   岚图汽车首款车型

岚图第二款车型"岚图梦想家"定位电动豪华旗舰MPV，拥有17项MPV首搭技术，21项同级领先技术，引领全球MPV进入电动化、低碳出行的新时代，建立电动豪华MPV的全新标准。

2. 一汽红旗（图4-1-23）

作为承担着中国汽车工业信仰和传承的品牌，红旗坚定地走向了自我品牌重塑，这无疑是一场重大的自我洗礼，对于中国汽车品牌来说更是一场华丽的复兴。从2018年1月全新红旗品牌战略发布至今，新红旗品牌迈出的每一步都得到了市场和用户的肯定与支持，这不仅代表了新红旗品牌的发展步伐不断加快，也说明新红旗品牌越来越为市场所认可。

2022年5月10日，由中国汽车工业协会组织的"'看见中国汽车'品牌巡礼全国行启动仪式暨红旗H9+上市启动"通过线上云直播的方式隆重举行。新红旗H9+是为中国新高尚情怀人士打造的专享定制轿车，在完美运用新红旗H9"五新九鼎"的领航技术基础上，以全面系统升级、全面精雕细琢为用户呈献"礼遇匠呈、久久欣祥"的惊喜体验。

3. 广汽

2022年9月15日，广汽埃安举办埃安品牌发布会，正式公布了埃安品牌的全新LOGO并开始启用。同时，埃安也同步发布了全新高端品牌Hyper昊铂，并联合中国航天成立"昊铂科研实验室"，首款新车超跑Hyper SSR亮相，如图4-1-24所示。2023年上海车展期间，广汽集团发布了"NEXT"计划（New EV+XEV Transition），即坚持"EV+ICV"（电动化+智能化）、"XEV+ICV"（混动化+智能化）双轮驱动路线，力求在保持广汽埃安EV领先优势的基础上，实现广汽传祺向XEV，即PHEV（插电式混合动力）、REV（增程式电动车）、HEV（混合动力）的转型。广汽集团计划到2025年，传祺停止生产和研发传统的燃油汽车，到2028年停止销售纯粹的燃油车。

图4-1-23　一汽红旗

图4-1-24　首款新车超跑Hyper SSR

4. 吉利

2023年9月10日，2024款几何G6正式上市，几何G6（图4-1-25）装备了13项智能驾驶辅助功能，包括智能领航系统（ICC）、自适应巡航（ACC）、交通标志识别（TSI）等，提高了驾驶安全性。城市预碰撞系统（AEB）通过优化高清摄像头图像算法，对行人、车辆和交通标志的识别更加准确，增强了行车安全。

5. 比亚迪

比亚迪以坚持不懈的态度，逐步打造"竞争、务实、激情、创新"的企业核心价值观，并始终坚持"技术为王，创新为本"的发展理念。

2003年成长为全球第二大充电电池生产商，同年组建比亚迪汽车，比亚迪汽车遵循自主研发、自主生产、自主品牌的发展路线，产品的设计既汲取国际潮流的先进理念，又符合中国文化的审美观念。比亚迪不仅推出了王朝系列和E-Net系列，还注册了海洋动物系列和战舰系列的商标，其战舰系列近期也推出了外观和动力都非常出色的车型。

比亚迪海豚（图4-1-26）是海洋车系使用比亚迪全新LOGO的首款车型，也是比亚迪e平台3.0的首款车型。海豚搭载全球首款深度集成八合一电驱总成，是同级别车型中唯一一款搭载热泵系统的车型。配合电池包制冷剂直冷直热技术，可以确保电池包始终处于最佳工作温度。海豚还搭载"超级安全"的刀片电池，标配智能集成制动系统（IPB）及DiPilot智能驾驶辅助系统，可以提供10余项主动安全功能。

图4-1-25　几何G6

图4-1-26　比亚迪海豚

任务实施

任务工单　汽车文化与发展史的认知

姓名		学号		班级	
科目		教师		得分	

一、器材准备

车标、整车模型。

二、实施步骤

8~10人一组，由实训教师在实训室现场讲解，学生动手创意设计。

三、回答下列问题

探索并画出各个国家的汽车文化特点及汽车发展历史轴线图。

任务评价

名称		组别		学生姓名			
		用时					
序号	考核项目	评分标准	分数	学生自评	小组互评	教师评价	小计
1	团队协作	是否协同有效工作	10				
2	工作态度	是否积极主动 追求精益求精	10				
3	任务方案	是否正确、合理	20				
4	任务完成情况	分析结果正确	30				
5	安全规范	有无安全隐患，设备、工量具使用规范、标准，是否遵守劳动纪律	20				
6	现场 7S	是否做到	10				
总分				100			
教师签名						总计	

知识点总结

1. 1765 年，英国人瓦特（James Watt）发明了蒸汽机，成为第一次工业革命标志，人类社会进入"蒸汽机时代"。

2. 1886 年，卡尔·本茨将煤气发动机改进为汽油发动机，并将其安装在一辆三轮车上，世界上第一辆汽车诞生了。

3. 1913 年，福特公司开发出世界上第一条装配流水线，1927 年，T 型车累计生产 1500 万辆。

4. 1953 年 7 月 15 日，第一汽车制造厂动工，1956 年 7 月 13 日，国产第一辆解放牌 4t 货车在第一汽车制造厂诞生。

5. 1958 年 5 月 21 日，第一汽车制造厂以"仿造为主，自主设计"的原则试制出东风 CA71 型轿车，结束了中国不能制造轿车的历史。

6. 1959 年，第一汽车制造厂制造出国产第一种高级轿车。整车仿制凯迪拉克、林肯和克莱斯勒车型，重新设计了拥有民族风格的车身造型。

7. 1985 年 9 月，我国第一家中外合资汽车整车厂——北京吉普汽车有限公司投产，第一批国产切诺基越野车驶下总装线。

课后习题

一、选择题

1. 我国的第一个中外合资企业为（　　　　）。

A. 广州标致　　　B. 长安福特　　　C. 北京现代　　　D. 北京吉普

2. 国际汽联的简称缩写（　　）。

A. FBI　　　　　B. FAI　　　　　C. FIA　　　　　D. AIC

3. 1956 年 7 月，我国国产第一辆（　　）牌 4t 货车在第一汽车制造厂诞生。

A. 东风　　　　　B. 解放　　　　　C. 红旗　　　　　D. 跃进

4. 北京吉普属于（　　）车型。

A. 厢式乘用车　　B. 越野车　　　　C. 旅行车　　　　D. 溜背式乘用车

5. 世界上第一条汽车装配流水线是在（　　）。

A. 美国　　　　　B. 德国　　　　　C. 法国　　　　　D. 日本

二、判断题

1. 卡尔·本茨发明了世界上第一辆四轮汽车。（　　）

2. 1956 年，第一汽车制造厂总装线装配出第一辆解放牌汽车。（　　）

3. 1984 年，中国汽车的第一个中外合资企业——北京吉普诞生。（　　）

任务引入

汽车智能化的新技术已经成了汽车产业的一个主要趋势，在智能驾驶、互联网、车联网等方面产生了深远的影响。总体来看，当下自主品牌已在新能源汽车核心技术，以及智能网联、智能座舱等智能化技术上全面实现领先。

图 4-2-1 所示为蔚来汽车，它标配 NIO Pilot 自动驾驶辅助系统的所有硬件，包括三个前向摄像头、四个环视摄像头、五个毫米波雷达和 12 个驻车雷达（前 6 个和后 6 个），所有新车标配 NIO Pilot 系统的基本功能，包括前向碰撞预警、增强自动紧急制动（带行人和自行车识别）、盲点监测、车道偏离预警、变道预警、窄路辅助、侧门开启预警和速度确定。请同学们思考一下这些智能辅助系统的作用是什么？智能驾驶辅助系统能完全代替人的驾驶作用吗？

本任务主要介绍智能网联汽车先进驾驶辅助系统所涉及的新知识、新技术，为从事智能网联汽车的相关工作奠定基础。

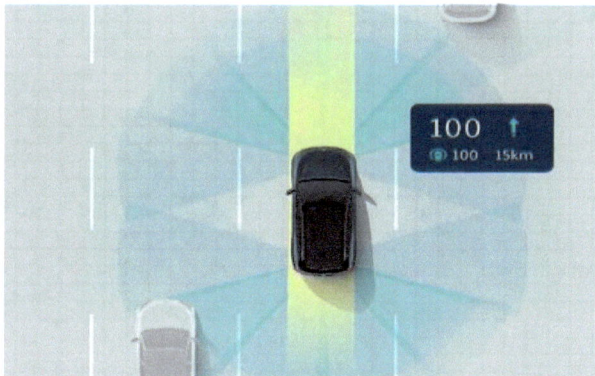

图 4-2-1 蔚来汽车 NIO Pilot

任务目标

知识目标	技能目标	素养目标
1. 了解先进驾驶辅助系统的定义及类型 2. 了解智能辅助技术的关键技术与应用车型	1. 能够说明常见车型中都运用了哪些汽车新技术 2. 能够发掘车型新技术的卖点	发掘新产品的慧眼及良好的职业道德

知识链接

一、先进驾驶辅助系统的定义和类型

1. 定义

高级驾驶辅助系统（ADAS），又称为先进驾驶辅助系统，是利用安装于车上的各类传感器，在第一时间收集车内外的环境数据，进行静、动态物体的辨识、侦测与追踪等技术上的处理，从而能够让驾驶人在最快的时间察觉可能发生的危险，以引起注意并提高安全性的主动安全技术。

根据全国汽车标准化技术委员会出台的《道路车辆先进驾驶辅助系统（ADAS）术语及定义》，可以将先进驾驶辅助系统分为两大类别，即具有夜视、变道辅助、360°全景影像等系统的信息辅助类，以及具有自动泊车、自动紧急制动、智能车速控制等系统的控制辅助类。工业和信息化部发布的《汽车驾驶自动化分级》文件中，将自动驾驶分为 0~5 等级（图 4-2-2），先进驾驶辅助系统处于 L0~L2 的范围，自动驾驶则处于 L3~L5 之间，进一步实现汽车自动化。

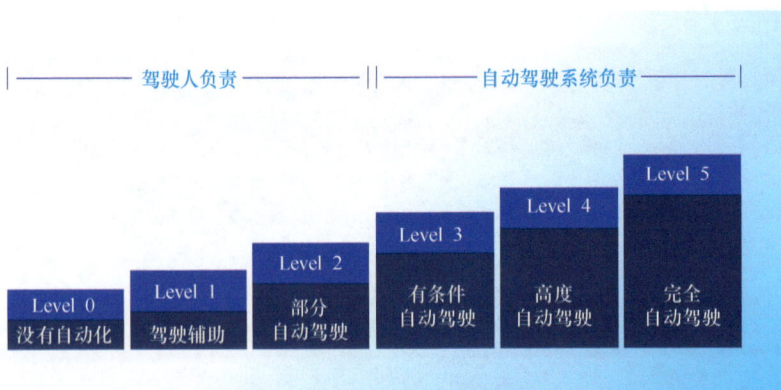

图 4-2-2　自动驾驶分级标准

2. 分类

先进驾驶辅助系统按照感知系统的不同可以分为自主式和网联式两种。

自主式先进驾驶辅助系统基于车载传感器完成环境感知，依靠车载中央控制系统进行分析决策，技术比较成熟，多数已经装备量产车型。网联式先进驾驶辅助系统基于 V2X 通信完成环境感知，依靠云端大数据进行分析决策，目前处于试验阶段。自主式和网联式技术融合是智能网联汽车先进驾驶辅助系统的发展趋势。

先进驾驶辅助系统包含抬头数显（HUD）、自动泊车、自适应巡航、车道偏离预警系统等。可以说智能网联汽车的终极目标就是实现自动驾驶或无人驾驶。智能网联汽车自动驾驶分有 L0~L5 六个等级，目前正处于 L2~L3 等级的落地发展阶段，已具备 L3 级自动驾驶能力，但市场应用规模仍然比较小，一方面受限于尚未完善 L3 级自动驾驶上路的法律法规，另一方面也受限于技术实现。

二、无人驾驶技术

1. 无人驾驶技术的概念

无人驾驶技术是指利用人工智能、机器学习、车载传感器和地图等技术，使汽车等交通工具在没有人类驾驶的情况下自主完成行驶、避障和停车等操作，从而实现自动驾驶的一种技术。

2. 无人驾驶设计目的

（1）安全性　无人驾驶系统应能准确判断车辆周围的交通状况，避免碰撞和事故，并最大限度地确保乘客和其他道路使用者的安全。

（2）便捷性　无人驾驶车辆可以为城市居民提供便捷、舒适的交通方式，避免由于驾驶时间和交通状况造成的压力和浪费。

（3）节能环保　无人驾驶技术可通过更优化路线规划和优化行驶方式，来降低燃油消耗，减少交通堵塞和排放，从而减少对环境的不良影响。

3. 无人驾驶关键技术

（1）识别技术　常用的传感器有摄像头、激光雷达、毫米波雷达和超声波雷达等。

（2）决策技术　传统意义上无人驾驶系统的决策控制软件系统包含环境预测、行为决策、动作规划、路径规划等功能模块。

（3）定位技术　第一种无人驾驶定位技术由全球导航卫星系统、实时运动定位和惯性导航组成；第二种无人驾驶定位技术由激光雷达和视觉定位，以及 Apollo 框架组成。

（4）通信安全技术　在行车过程中为驾驶人提供通信服务，确保通信畅通。车载通信安全技术涉及电子通信、汽车、计算机技术等多个领域。

（5）人机交互技术　人机交互技术是指人与汽车通过一定的交互方式完成信息交换的过程，主要有语音交互、手势识别、人脸识别、指纹识别、车载机器人、全息影像、生物特征感知等。

4. 无人驾驶应用车型

ARCFOX 极狐阿尔法 S 全新 HI 版（图 4-2-3）把智能化展示得非常到位，在 30 余个雷达感知设备的加持下，ARCFOX 极狐阿尔法 S 全新 HI 版可以实现主城区全场景下的自动驾驶体验，只要城市能够实现雷达设备对接，就能实现无人驾驶，ARCFOX 极狐让无人驾驶的想象变为现实。

图 4-2-3　ARCFOX 极狐阿尔法 S 全新 HI 版

随着无人驾驶技术不断推进，人工智能技术的应用越来越广泛，人们的生活方式和运输方式也将发生巨大的改变。安全性和智能性是无人驾驶汽车领域最为关注的两个方面，该技术的发展和实现将大大提高道路行驶的安全性。

三、HUD

1. 概念

抬头显示系统（Head Up Display，HUD）也称为汽车平视显示系统，它是利用光学反射原理，将汽车驾驶辅助信息、导航信息、检查控制信息以及先进驾驶辅助系统信息等以投影方式显示在风窗玻璃上或约2m远的前方、发动机舱盖尖端的上方，同时还可以显示来自各个驾驶辅助系统的警告信息，例如车道偏离警告、来自带行人识别功能的夜视辅助系统的行人避让警告等，避免驾驶人在行车过程中频繁低头看仪表或车载屏幕，对于行车安全起着很好的辅助作用。

2. HUD 分类

（1）组合型抬头显示系统（C-HUD）　C-HUD 是在汽车仪表上方、仪表板顶部加装一个半透明树脂板，再将该树脂板作为投影介质反射出虚像。该树脂板通常会根据成像条件进行特殊处理，例如做成楔形来避免反射重影，提升显示效果（图4-2-4）。

图 4-2-4　C-HUD

缺点：C-HUD 置于仪表上方，在车辆碰撞时会对驾驶人造成二次伤害，不利于车内安全。

（2）风挡型抬头显示系统（W-HUD）　W-HUD 用于前装，与风窗玻璃统一做光学设计。利用光学反射原理，将重要的行驶相关资讯投射在风窗玻璃上显示，显示效果更为一体化，有助于造型布置（图4-2-5）。

缺点：由于风窗玻璃一般为曲面玻璃，因此 W-HUD 一定要根据风窗玻璃的尺寸和曲率搭配高精度非球面反射镜，这导致 W-HUD 成本较高。

（3）增强现实型抬头显示系统（AR-HUD）　AR-HUD 用于前装，风窗玻璃做光学设计，提供更远距离虚像与实景相结合的呈现。通过车身行车 ECU 控制车身数据输出和不同数据与实景的有机结合，外加结合车辆导航系统进行导航，还结合车辆先进驾驶辅助系统功能进行 AR 呈现，提供行车中道路偏移、前车预警及障碍物识别等提示（图4-2-6）。

缺点：体积最大，在整车布置较为困难，目前 AR-HUD 技术还不够成熟，显示效果有待提升。

图 4-2-5 W-HUD

图 4-2-6 AR-HUD

3. HUD 显示内容信息：车辆信息和外界信息

（1）车辆信息 车辆信息指反映当前车辆状态的信息，一般通过车载总线获取，具体包括核心信息（传统仪表上显示的部分重要信息，如车速、转速、里程、油量等）、提示信息（车辆行驶过程中需要显示的部分重要信息，如档位、转向灯、远光灯、雾灯、车内温度、瞬时油耗）、报警信息（驾驶人安全带未系提醒，燃油或电量不足，发动机状态、车门状态、驻车状态、机油剩余量、胎压、安全气囊等）、附加信息（如四驱模式、转向模式、驾驶模式、天窗及天窗开启状态、座椅状态、底盘状态等）。

（2）外界信息 外界信息指出行（定位、导航，行人监测、车道保持辅助）、安全（主要显示来自智能驾驶系统感知到的实时交通情况，以辅助驾驶人安全驾驶，如超速预警、前车碰撞预警、车距信息提示、交通信号灯提示、道路安全预警、远程故障诊断信息等）、生活（通过车联网获得的交通信息、维护信息、停车场车位信息、代驾预订等）、智能办公（微信、邮件、电话、视频语音会议、文档处理等）、娱乐（音乐电台控制、音量控制、影视媒体播放）的信息。

4. HUD 应用车型

2022 年 6 月，理想发布了一款全球智能旗舰 SUV L9，一大亮点就是取消了车内大部分实体按键，并取消了传统仪表盘，取而代之的是一块 13.35in 的超大尺寸 HUD（图 4-2-7）。搭载的这款 HUD 承载的信息很丰富，比如左边是导航，右边是车速、限速、档位等。最关键的是中间区域实时渲染的路面信息，这对辅助驾驶非常重要，在玻璃上就能够直接看到车辆的各类参数，不用低头看仪表台或者扭头看中控屏。

图 4-2-7 理想 L9 HUD

四、智能座舱

1. 概念

智能座舱是指配备了智能化和网联化的车载产品，从而可以与人、路、车本身进行智能交互的座舱，是人车关系从工具向伙伴演进的重要枢纽和关键节点。

2. 设计目的

智能化、定制化的座舱对内提高驾乘人员的乘坐感受，对外则连接着智能驾驶，提供舒适的驾驶感，缓解驾驶疲劳，降低事故的伤害，保护乘坐人员。通过传感器和驱动机构，座椅可以具备感知和主动调节功能，在监控驾乘人员健康及智能调节功能领域发挥作用。

3. 智能座舱的构成

智能座舱主要包括流媒体后视镜、视觉感知系统、车载娱乐系统、语音交互系统等。智能座舱中各项功能未来将集成整合为一个系统。

1）流媒体后视镜就是通过车辆后置的一枚摄像头，实时拍摄车辆后方的画面，能够将无损、无延迟的画面在中央后视镜显示屏呈现出来。

2）视觉感知系统主要通过舱内舱外摄像头来完成，通过视觉感知层的形成，使车辆具备了比人眼更强大的功能，目前配置的车辆视觉感知系统包含 DMS（驾驶人监测系统）、OMS（乘客监控系统）、RMS（后排盲区监测系统）、IMS（视觉监控系统）、ADAS（先进驾驶辅助系统）、BSD（盲区检测系统）、AVM（360 环景监视系统）、AR HUD（AR 抬头显示）、DVR（行车记录）等。

3）车载娱乐系统一般指车载信息娱乐系统。车载信息娱乐系统是采用车载专用中央处理器，基于车身总线系统和互联网服务，形成的车载综合信息处理系统。

4）语音交互系统。语音助手能够完成声源定位、语义理解、单句多任务等功能。例如声源定位可以让后排右边的乘客仅说出"打开我的车窗"，就能实现精准定位，打开车窗。

4. 智能座舱的技术架构

智能座舱主要有硬件层（传感器、内存、AI 感知模块、应用处理器等硬件设备）、系统软件层（驱动、通信等基本系统软件）、功能软件层（智能座舱功能的核心层，负责智能驾驶共用部分和自身域的感知）、服务层（云服务体系，包含语音识别、场景网关等相关服务）和支承层（成长平台，是支承件的快速开发工具）五层。

5. 智能座舱的主要应用场景

在智能座舱的实际应用中，主要包括人机共驾、内外联合与"应用为王"三大应用场景。在人机共驾场景下，智能座舱能通过交互感知技术为用户提供一定程度的机械自主决策；在内外联合场景下，智能座舱的交互感知拓展到外部环境，智能座舱的服务场景与便利性得到延伸；在"应用为王"场景中，智能座舱将为用户提供高质量的游戏和影音等娱乐服务。

6. 智能座舱的应用车型

高合汽车旗下 HiPhi Y 车型（图 4-2-8）进行了新车上市后的首次 OTA 升级。作为目前国内豪华智能电动汽车品牌的代表，高合的品质感、科技感都相当出众，给用户带来与众不同的体验。本次升级主要涉及智能座舱和智能驾驶两大板块。

在智能座舱方面，高合 HiPhi Y 增加自定义 ISD 智能交互灯功能，双侧的前照灯，可自定义涂鸦灯光图案，实现智能交互式数字灯光效果；新增隔空手势控制功能，可通过隔空手势调节屏幕俯仰角度；同时，新增的网易街球竞技游戏"全明星街球派对"，支持蓝牙键盘或者手柄操作。

图 4-2-8　高合 HiPhi Y 智能座舱

五、自动泊车技术

1. 概念

自动泊车系统简称 APS，它是英文 Automated Parking System 的缩写，是通过精确的车辆定位和控制系统控制车辆按照选择的泊车轨迹完成泊车的技术。

2. 自动泊车原理

自动泊车系统由多组传感器组成，比如遍布车身的雷达、摄像头等，在采集好图像、距离等相关数据后，数据会传输给处理器，处理器将采集到的数据分析处理，形成自动泊车策略再将其转换成信号，控制系统接收到信号后依据指令控制汽车做出诸如转向、倒车和制动等动作，直至泊车过程完成。

自动泊车过程可以分为车位探测、路径规划和路径追踪三个部分，即通常理解的数据采集、路线生成和泊车执行。现实中的自动泊车功能使用起来既简便又高效，它可以辅助驾驶人完成自动泊入、水平泊出、自选车位等操作。

以汉 EV（图 4-2-9）为例，其自动泊车过程：通过多媒体或自动泊车按键，开启自动泊车功能；系统通过车辆两侧的超声波传感器和全景摄像头，自动搜索车辆左右侧可用的停车位；在自选车位模式下，驾驶人在系统探测范围内自动选择合适的车位；当车位被选择后，驾驶人按照多媒体显示屏上的相关信息提示停车并单击"开始泊车"按键，系统可自动进入泊车模式。该模式下系统可以自动规划泊车轨迹，并控制车辆的档位、转向、制动、车速等使其驶入规划的车位。

3. 自动泊车技术的实际应用

（1）停车场自动泊车　自动泊车技术可以在停车场内进行实际应用。传感器和摄像头能够捕捉到周围环境的信息，然后将这些信息传输给车辆的 ECU 控制系统。通过对信息的分析和处理，车辆可以自动判断车位的大小和位置，然后进行准确的转向和制动，将车辆稳稳地停入车位。

图 4-2-9　比亚迪汉自动泊车

（2）街道自动泊车　除了停车场，自动泊车技术还可以在狭窄的城市街道上应用。通过使用激光雷达、摄像头和超声波传感器等设备，车辆可以感知到周围的障碍物，并相应地进行转向和制动操作，以完成并行和垂直泊车。

4. 自动泊车技术的优势

（1）提高停车效率　相比传统的手动停车方式，自动泊车技术能够更加高效地完成泊车过程。它可以提高停车的准确性和速度，并减少停车时对周围车辆的影响，有效缩短了停车时间。

（2）提高驾驶的便捷性　自动泊车技术可以降低驾驶人的驾驶难度，特别是在狭小的空间内。驾驶人只需激活自动泊车功能，车辆就可以根据环境条件自动执行转向和制动操作，将车辆停入合适的车位，从而减轻了驾驶人的压力。

（3）增加驾驶的安全性　自动泊车技术基于高精度的传感器和摄像头系统，可以实时监测周围环境和障碍物。在泊车过程中，一旦检测到潜在的碰撞风险，车辆会立即采取相应的制动和转向措施，以确保驾驶安全。

5. 自动泊车技术的挑战

（1）法律和道德问题　随着自动泊车技术的普及，涉及法律和道德问题的争议也不断增加。例如，当车辆在泊车过程中发生事故时，如何确定责任和赔偿问题，需要制定相应的法律法规。

（2）技术可靠性　自动泊车技术的可靠性对于保证驾驶安全至关重要。目前的自动泊车系统仍面临着一些技术挑战，如传感器的准确性和稳定性、算法的精确性等。为了提高系统的可靠性，需要持续进行技术研发和改进。

需要注意的是，自动泊车仅是驾驶辅助功能，驾驶人仍需要时刻保持对车辆的控制，对车辆安全负有全部责任，特别是需要时刻注意车辆周边环境，时刻准备制动系统方便避让行人。

六、智能辅助系统

1. 车道偏离预警系统（LDW）

车辆偏离行驶车道时，其可通过警报音、转向盘振动或自动改变转向给予提醒。车道偏离预警系统分为"纵向"和"横向"车道偏离警告两个主要功能。纵向车道偏离警告系统主要用于预防那种由于车速太快或方向失控引起的车道偏离碰撞，横向车道偏离警告系统主要用于驾驶人注意力不集中以及驾驶人放弃转向操作而引起的车道偏离碰撞。

2. 自适应巡航（ACC）

在设定车速进行巡航控制的系统上，增加了与前方车辆保持合理间距控制功能的新系统。

1）当前方无车辆时，自适应巡航车辆将处于普通的巡航驾驶状态，按照驾驶人设定的车速行驶，驾驶人只需要控制方向。

2）当自适应巡航车辆前方出现目标车辆时，如果目标车辆的速度小于自适应巡航车辆时，自适应巡航车辆将自动开始进行减速控制，确保两车的距离为所设定的安全距离。

3）当两车之间的距离等于安全车距后，采取跟踪控制，即与目标车辆以相同的车速行驶。

4）当前方的车辆发生移线，或车主移线行驶使主车前方又无行驶车辆时，自适应巡航系统将对主车进行加速控制，使主车恢复至设定的行驶速度。

3. 车道保持系统（LKA）

车道保持系统在车辆出现偏转时进行修正，干预转向。在驾驶人操作转向信号灯时，系统转为被动模式（关闭）。

4. 车道居中控制（LCC）

纯横向控制系统，通过对车道线的识别和对转向系统的自动控制，解放驾驶人的双手，让车辆行驶时自动保持在本车道内居中行驶。

5. 交通拥堵辅助

交通拥堵辅助实现低速时车辆的自主跟车启停功能，并可保持车辆在道路中间行驶。

6. 全车监视系统（AVM）

全车监视系统通过多个超大广角鱼睛镜头拍摄图像，然后经过数据处理对拍摄图像进行畸变矫正以及拼接，形成周围图像，可为驾驶人提供车身四周的俯视鸟瞰图，消除驾驶人的视野盲区，在泊车时还可提供有效的视觉辅助功能。

7. 前向碰撞预警系统（FCW）

通过摄像头和雷达等传感器实时监测前方的车辆情况，判断本车与前车之间的距离、方位和速度，当存在潜在的碰撞危险时，发出报警信号对驾驶人进行报警，前向碰撞预警系统本身不会采取任何制动措施去避免碰撞或控制车辆。

智能网联汽车是下一个汽车时代的代名词，而在实现自动驾驶之前，先进驾驶辅助作为过渡性技术是必经的阶段。智能驾驶技术将会以更为出色的方式来推进汽车产业的发展，提供更多的新功能和更具个性化的服务。未来的智能驾驶技术发展将深入国际市场，其重点将放在以互联、智慧、多功能和多场景为主的技术开发。通过多个传感器的结合、深度学习技术的采用和以物联网为技术支撑，智能驾驶技术未来将会为汽车行业带来更为广泛的市场和更为巨大的潜力。

任务实施

任务工单　汽车智能辅助新技术的认知

姓名		学号		班级	
科目		教师		得分	

以比亚迪海豚汽车为例，分析其先进的技术，了解其具有的辅助驾驶功能以及其实现方式。

一、器材准备

比亚迪海豚车型。

二、实施步骤

1）通过查阅资料，观看视频，了解比亚迪海豚的智能辅助系统。
2）在比亚迪海豚车系上进行智能辅助系统的相关操作，确保可以正确使用。

任务评价

名称		组别		学生姓名			
		用时					
序号	考核项目	评分标准	分数	学生自评	小组互评	教师评价	小计
1	团队协作	是否协同有效工作	10				
2	工作态度	是否积极主动追求精益求精	10				
3	任务方案	是否正确、合理	20				
4	任务完成情况	分析结果正确	30				
5	安全规范	有无安全隐患设备、是否遵守劳动纪律	20				
6	现场 7S	是否做到	10				
总分		100					
教师签名				总计			

知识点总结

1. 无人驾驶技术是指利用人工智能、机器学习、车载传感器和地图等技术，使汽车等交通工具在没有人类驾驶的情况下自主完成行驶、避障和停车等操作，从而实现自动驾驶的一种技术。

2. 汽车 HUD 主要有组合型抬头显示系统（C-HUD）、风挡型抬头显示系统（W-HUD）和增强现实型抬头显示系统（AR-HUD）三种类型。

3. 智能座舱是指配备了智能化和网联化的车载产品，从而可以与人、路、车本身进行智能交互的座舱，是人车关系从工具向伙伴演进的重要枢纽和关键节点。

4. 自动泊车是 L2 级别的泊车辅助功能，通过精确的车辆定位和控制系统控制车辆按照选择的泊车轨迹完成泊车。

课后习题

一、选择题

1. 自适应巡航的目的是通过对车辆（　　）运动进行自动控制，以减轻驾驶人的劳动强度。

A. 横向　　　　　B. 纵向　　　　　C. 泊车　　　　　D. 变道

2. 盲区监测的简称为（　　）。

A. LCW　　　　　B. BSD　　　　　C. FCW　　　　　D. AVM

3. 智能网联汽车的本质是结合了自主式智能汽车及（　　）智能汽车。自主式智能汽车以智能化为主导，通过传感器主动探测周围环境，通过视域范围内对环境的理解做出智能驾驶行为。

A. 被动式　　　　　B. 融合式　　　　　C. 网联式　　　　　D. 交互式

4. （　　）是指无人驾驶系统根据环境信息执行转向和加减速中的一项操作，其他驾驶操作都由人完成。

A. 驾驶辅助（DA）　　　　　　　　B. 部分自动驾驶（PA）

C. 有条件自动驾驶（CA）　　　　　　D. 高度自动驾驶（HA）

5. SAE（国际自动机工程师学会/美国汽车工程师学会）J3016-2014 文件提出的（　　）自动驾驶分级方案是当前被普遍采用接收的标准。

A. 四级　　　　　B. 五级　　　　　C. 六级　　　　　D. 七级

二、判断题

1. L3 级属于无人驾驶汽车。（　　）

2. 交通拥堵辅助是实现低速时车辆的自主跟车启停功能，并可保持车辆在道路中间行驶。（　　）

3. 自动泊车过程可以分为车位探测、路径规划和路径追踪三个部分。（　　）

4. W-HUD 用于后装，与风窗玻璃统一做光学设计。利用光学反射原理，将重要的行驶相关资讯投射在风窗玻璃上显示，显示效果更为一体化，也有助于造型布置。（　　）

5. 车道偏离预警系统是当车辆偏离行驶车道时，其可通过警报音、转向盘振动或自动改变转向给予提醒。（　　）

参 考 文 献

［1］蔡兴旺. 汽车概论 ［M］. 北京：机械工业出版社，2016.

［2］周梅芳，罗英. 新能源汽车概论 ［M］. 北京：机械工业出版社，2018.